Ben Redelings
Bayern Album

Unvergessliche Sprüche, Fotos, Anekdoten

VERLAG DIE WERKSTATT

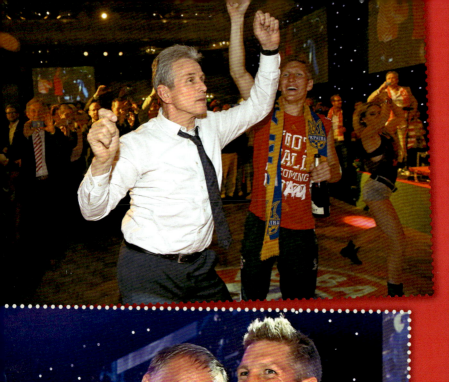

»Bei den Bayern ist es wie vor dem Gang auf die Toilette: **Ist der Druck so richtig groß, dann läuft es am besten.**«

(Mario Basler)

»Normal ist es ein ganz **einfacher Job** beim FC Bayern. Du musst nur **alle Spiele gewinnen**.«

(Franz Beckenbauer)

»Beim FC Bayern kennen wir keinen Bio-Rhythmus. Wir kennen aber einen

Weißbier-Rhythmus.«

(Hansi Pflügler)

»**Xabi Alonso ist 32.** Wenn wir das Spiel kontrollieren, kann er alle drei Tage spielen. Aber wenn wir das Spiel nicht kontrollieren, **wenn er ständig vor und zurück muss, ist er in einem Monat tot**!«

(Trainer Pep Guardiola über den spanischen Weltmeister vor Beginn des gewohnten Bayern-Rhythmus)

Alonsos Antwort auf die Frage eines Reporters, ob die Prognose von Guardiola, dass er nach einem »Monat tot ist« zutreffen könnte: »Ich hoffe nicht. Meine Frau bereitet sich doch schon aufs Oktoberfest vor.«

»Man kann mit Bayern München nur ordentlich als Feind umgehen, wenn man unsachlich bleibt. Sobald man sich an Fakten hält, wird es schwierig.«

(Campino)

»Der **FC Bayern?** Von denen halte ich das Gleiche wie von **München: Die ganze Stadt ist Schrott!**«

(Campino, ein paar Jahre früher)

»Bundesliga ist ein richtig spannender Wettbewerb. 18 Mannschaften wollen Deutscher Meister werden – und **am Ende feiern immer die Bayern**.«

(Stefan Effenberg)

»Da staunst du, Mark, das ist die Einwohnerzahl von Holland.«

(FCB-Präsident Franz Beckenbauer auf der Jahreshauptversammlung zum Kapitän Mark van Bommel mit Blick auf die 176.976 Fanklub-Mitglieder)

»Ein **Eisberg** wie der Björn Borg ist der beste Spieler für die Bayern.«

(Reinhold Mathy)

»Wenn bei uns der Platzwart mit **dem Rasenmäher umfällt, ist das eine Riesenschlagzeile**. Größer, als wenn bei manch anderem Verein ein Spieler sich das Kreuzband reißt.«

(Thomas Strunz)

»Der UEFA-Cup wäre für den FC Bayern so, als wenn Sie immer über **Ferrari schreiben** und plötzlich über den **FIAT-Punto-Clio-Cup berichten** müssen.«
(Mark van Bommel erklärt den Journalisten die Bayern-Welt)

»Obwohl wir die beste Mannschaft haben, die besten Zuschauerzahlen, das beste Bankkonto, werden wir permanent angegiftet. Sollen wir jetzt noch **nackt durchs Stadion laufen**, um die Leute zu begeistern?«

(Uli Hoeneß leicht frustriert im Jahr 1989)

Giovane Elber macht's vor, aber es ist fraglich, ob Hoeneß das wirklich so meinte …

Starschnitt
Udo Lattek

» Sie können ruhig etwas lauter nicken! «

»Das Schlimmste ist, wenn sich ein Trainer nach dem Präsidium richten muss, weil er Angst vorm Rausschmiss haben muss. Uli Hoeneß hat mal versucht, mir reinzureden. Da habe ich gesagt: ›**Pass auf, Uli, geh du lieber in dein Büro zum Erbsenzählen und Geldschichten. Wenn du noch mal was auf der Bank sagst, fliegst du runter.**‹ Da war das Thema erledigt.«

»Ich trinke Jägermeister, weil die Stimmen immer lauter werden, die eine eigene Nationalelf Bayerns fordern.«

Jägermeister. Einer für alle.

»Ich habe alle gekriegt, die ich wollte. Nur bei meiner Frau: **Da war ich es, der eingekauft wurde.**«

»Ich bin der Hans Albers der Bundesliga. Der konnte saufen wie ich und auch arbeiten.«

»Die großen Trainer haben schließlich alle gesoffen: Weisweiler, Happel, Zebec. **Und ich gehöre ja auch zu den großen.**«

»Herr Lattek, wollen Sie uns mit den dauernden Siegen das Geschäft kaputt machen?«, fragt Bayern-Präsident Wilhelm Neudecker, weil er ob des anhaltenden Erfolgs den Spannungsverlust befürchtet.

»Lattek ist ein hervorragender Trainer. Das zeigt sich schon alleine daran, dass er den Herren Neudecker und Schwan jahrelang das Gefühl vermittelte, sie verstünden etwas vom Fußball.«
(Helmut »Fiffi« Kronsbein)

»Die Deckung hat Angst vor ihrem schwachen Torwart. Deshalb spielt sie so gut!«

»Jupp Heynckes weiß genau, wer raucht, und zählt deine Bierchen. Das war bei Udo Lattek anders. Der hat selbst am meisten gesoffen.«
(Klaus Augenthaler)

»Der soll sein Weißbier trinken und die Klappe halten.«
(Rudi Assauer)

Klaus Augenthaler (2. v. r.) mit seinen Bayern-Kollegen Brian Laudrup, Thomas Kastenmaier und Raimond Aumann im Oktober 1990 auf der Wiesn.

»Mir geht es heute wie dem Canellas – ich kann nicht mehr reden!«

(Ein Bayern-Fan bei einem Pokalspiel nach dem Aufdecken des Bundesligaskandals durch den heiseren Horst-Gregorio Canellas.)

»Ganz gut. Ich hab' mich die ganze Nacht um seine Frau gekümmert!«

(Mario Basler auf die Frage, wie es Dietmar Hamann nach seinem Schlaganfall geht)

Wir wollen uns nacheinander einen nach dem anderen runterholen.

(Thorsten Fink über die geplante Aufholjagd des FC Bayern)

»Ich wollte nur Platz machen.«

(Michael Sternkopf zu seiner gelb-roten Karte)

»Ich kann dat nich mehr hörn! Man, die Bayern müssen beim Kacken doch auch die Arschbacken auseinandermachen.«

(Hermann Gerland)

»Die Bayern sind wie deutsche Ehemänner: **auswärts stark – zu Hause mäßig**.«

(Sepp Maier)

»Wenn man jahrelang mit Brasilianern trainiert, muss ja irgendetwas abfärben. Was ein Fink plötzlich für Kunststücke macht, alle Achtung!«
(Franz Beckenbauer)

»Lucio ist kein Brasilianer, er ist ein Athlet.«
(Berti Vogts)

»Wir bemühen uns, **Kapellmann** zu verlängern.«
(Bayern-Präsident Wilhelm Neudecker)

»Was, der Kapellmann wird Arzt? Der wird doch Doktor!«
(Manfred Kaltz)

»Der Markus Babbel hat von der Mannschaft den Spitznamen Sommerloch bekommen.«
(Mehmet Scholl zu den Abwanderungsgerüchten um seinen Mitspieler)

»Ich lag beim Schuss in der falschen Ecke. Da liegen Sie völlig richtig.«
(Raimond Aumann)

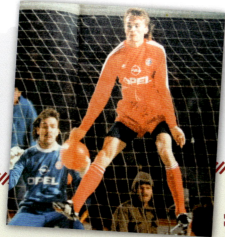

»Nein! Was ist das?«
(Claudio Pizarro auf die Frage, ob er die Laufwege von Giovane Elber schon kenne)

»Das ist die Tragik unseres Berufes, dass wir andauernd ausgewechselt werden. **Aber das Gute dabei: Wir werden weiter bezahlt.**«
(Hans Pflügler)

»Der Nerlinger, der schießt auf 100 Meter 'ne Kuh kaputt!«
(Max Merkel)

»Berkant Göktan ist erst 17. **Wenn er Glück hat, wird er nächsten Monat 18.**« *(Franz Beckenbauer)*

»Ja, wir sollten es nach der altbewährten **bayerischen Regel** halten, die da besagt: **Never change a winning team.**«
(Franz Beckenbauer)

»Seins bekommt einen Ehrenplatz bei mir. Ich weiß aber nicht, wo er meins hinhängt. Wahrscheinlich in den Abstellraum.«

(Ansgar Brinkmann nach dem Trikottausch mit Bixente Lizarazu)

»Es ist schon verrückt, was der Fußball aus mir macht.«
(Oliver Kahn)

»Wenn es einmal **hart auf hart** kommt, kommt es meistens **ganz hart**.«
(Jens Jeremies)

»Bernd Dreher, weil er mit **so wenig Talent so viel erreicht** hat.«
(Michael Tarnat auf die Frage, wer ihm imponiere)

»Gar nix hab' ich gelernt – außer Stollen reindrehen und dem Lerby die Koffer tragen.«
(Hans Dorfner)

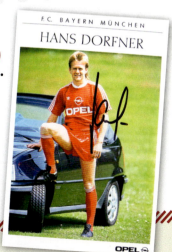

Starschnitt
Franck Ribéry

»Ihr könnt euch da ja mal hinstellen, und wenn dann Ribéry mit 180 km/h an einem vorbeigelaufen kommt, gibt's wenige, die den stoppen können.«

(Manuel Friedrich)

»Jetzt liegt das Geld auf dem Behandlungstisch.«

(t-online.de über den verletzten Franck Ribéry)

»Ribéry? Da hat jemand irgendwann einmal Mist gemacht und behauptet, dass er das Hirn des Teams sei. Und er hat es geglaubt.«

(Just Fontaine, ehemaliger französischer Fußballspieler und -trainer)

»**Pink** ist die Lieblingsfarbe von meiner Tochter. Sie ist fünf. Das wäre zu meinen Zeiten undenkbar gewesen.«

(Der Präsident von Bayern München über die pinkfarbenen Schuhe von Franck Ribéry)

»Man stelle sich vor, der zieht jetzt auch noch **richtige Fußballschuhe** an.«

(Franz Beckenbauer lästert weiter über seine pinkfarbenen Schuhe)

»Nächstes Jahr geht eher der Gerichtsvollzieher nach Madrid als Franck Ribéry.«

(Uli Hoeneß nimmt eindeutig Stellung zu Transfergerüchten)

»Ich bin kein Nazi, aber diesem Mann, der den Ribéry entdeckt hat, dem muss man ein Ritterkreuz mit Eichenlaub und Brillanten geben.«
(Udo Lattek)

»Wenn er alleine spielen will, muss er Tennis spielen gehen.«
(Trainer Louis van Gaal, als Ribéry mehr Freiheiten auf dem Spielfeld forderte)

»Vielleicht holt er damit noch ein paar Zehntel raus.«
(Thomas Müller über den neuen Kurzhaarschnitt des Franzosen)

»Es war lustig, weil so ein kleiner Zwerg an so einem großen Trainer hing.«
(Bastian Schweinsteiger zum Jubelsprung Ribérys in die Arme von Trainer Louis van Gaal)

»Franck ist nur ein einziger Muskel, ich hatte keine Chance.«
(Christian Lell)

»Früher haben wir noch **Schweinshaxen vor dem Spiel gegessen** und auch gewonnen. Aber **heute wirst du mit Müsli Meister**.«

(Franz Beckenbauer)

»Ich glaube nicht, dass wir das Spiel verloren hätten, wenn es 1:1 ausgegangen wäre.«

(Uli Hoeneß)

»Alles andere als die Nicht-Meisterschaft wäre ja eine Katastrophe gewesen.«

(Thomas Strunz)

»Natürlich werden wir irgendwann mal wieder Meister. Denn es gibt Dinge in der Bundesliga, die waren schon immer in Zukunft so.«

(Olaf Thon)

»Uli Hoeneß ist der sparsamste Mensch der Welt. Viele fragen: **Wofür gibt der Uli sein Geld aus.** Ich weiß es: fürs Verlieren beim Schafkopf. **Er schafkopft, wie er golft – und er golft, wie er schafkopft.**«

(Karl-Heinz Rummenigge)

»Wenn du mich nicht anspielst, **haue ich dir eine runter!**«
(Stefan Effenberg zu Brian Laudrup)

»Dem Franz Beckenbauer hat's der Himmelvater gegeben wie dem Mozart.«
(Max Merkel)

»**Immer wenn Aumann die Klappe aufreißt, kriegt er den Laden voll.**«
(Udo Lattek)

»**An diesem Gesicht kannst du eh nicht mehr viel kaputt machen.**«
(Norbert Eder nimmt seinen Nasenbeinbruch sportlich)

»Ich bin keine **Extrawurst**, also kann ich auch sehr gut ohne den Senf einiger Journalisten leben.«
(Lothar Matthäus)

Starschnitt
Oliver Kahn

Oliver Kahn kennt kein Erbarmen. Bei einem Benefiz-Elfmeterschießen in Karlsruhe sollen Kinder gegen ihn antreten. Für jeden Ball, den sie dem Bayern-Keeper ins Netz legen, fließt Geld für einen guten Zweck. Doch der Nationaltorwart treibt die kleinen Dötze in die Verzweiflung. Kahn, so heißt es, habe keinen Ball durchgelassen.

»Vor Krieg und Oliver Kahn.«
(Mehmet Scholl auf die Frage, vor was er Angst habe)

»Das einzige Tier bei uns zu Hause bin ich.«
(Oli Kahn)

»Die Zentimeter, die ihm jetzt bei manchen Toren fehlen, braucht er zurzeit woanders.«
(Sepp Maier über Oliver Kahns sportliche Leistungen im Zusammenhang mit dessen Privatleben)

»Ich nehme immer nur einen. Zwei wären zu viel. Das kostet zu viel Kraft.«

(Oli Kahn übers Kaugummikauen während des Spiels)

»Immer häufiger bleiben bei Spielen von Bayern München die Ränge leer. Der Grund: **Die Hooligans haben Angst vor Oliver Kahn.«**

(Ingolf Lück)

»Ich bin in meinem Privatleben exakt genauso WILD, wie ich auf dem Platz bin. Deshalb hat mich meine Frau auch geheiratet.«

(Oli Kahn)

»Die Karten sind neu gewürfelt.«

(Oli Kahn)

Franz Beckenbauer erzählt in seinem Buch »Ich« über seinen Trainer Dettmar Cramer: »Vor jedem Training hat er uns im Keller des Vereinsgeländes versammelt, in einem Kämmerchen, in dem wir alle gerade Platz hatten, wenn wir ganz eng zusammenrückten. Die Fenster wurden geschlossen, weil draußen immer ein paar Kiebitze lauerten, die aber nichts hören sollten. **Es dauerte keine zehn Minuten, dann war der Sauerstoff verbraucht. Als Erster schlief immer Sepp Maier ein, weitere folgten.«**

Vor versammelter Mannschaft zieht Louis van Gaal untenherum blank, wie Ex-Star Luca Toni beeindruckt der »Sport Bild« berichtet: »Der Trainer wollte uns klarmachen, dass er jeden Spieler auswechseln kann – egal, wie er heißt – weil er Eier hat. Um das zu demonstrieren, ließ er die Hosen runter. So etwas habe ich noch nie erlebt, das war total verrückt. Ich habe aber nicht viel gesehen, da ich nicht in der ersten Reihe saß!«

»No! Auf Deutsch heißt das: Nein!«

Pep Guardiola auf die Frage eines spanischen Journalisten, ob die Dominanz der Bayern langweilig werde

Jürgen Klinsmann verspricht nach seinem legendären Tritt in die Tonne: **»Das wird nicht wieder vorkommen. Werbetonnen brauchen sich vor mir nicht zu fürchten.«**

Mehmet Scholl über sich selbst: **»Mehmet Scholl – das sind 67 Kilo geballte Erotik!«**

TV-Komiker Harald Schmidt lästert in seiner Sendung über den gelernten Anstreicher und Lackierer Rehhagel: *»Eines Tages sagt Uli Hoeneß: ›Otto, das Training macht jetzt der Augenthaler. Du kannst schon mal die Wand streichen.‹«*

Giovane Elber kündigt für 2004 sein Karriere-Aus beim FC Bayern München an. Eine Entscheidung, die unumstößlich für ihn ist: **»Da kann Bayern kommen, kann Franz kommen, kann Jesus Christus kommen. Das wird nicht helfen!«**

Starschnitt
Mehmet Scholl

»Inzwischen ist er 30 Jahre alt und immer noch auf der Titelseite der ›Bravo Sport‹. Er hat es wirklich weit gebracht.«
(Oliver Kahn über seinen Mannschaftskameraden Mehmet Scholl)

»Der hat sogar Haarschnitt-Freiheit.«
(Karl-Heinz Rummenigge über Mehmet Scholl, der mit einem Irokesenschnitt auflief)

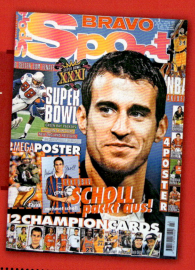

- »Bis sein Vertrag ausläuft im **Jahr 2002**, braucht er nicht zu warten. Dann ist er doch auch schon **um die 42**.«
(Didi Hamann auf die Frage, ob sein ehemaliger Bayern-Kollege ins Ausland wechseln solle)

»Ich kenne da einen zwölfjährigen Jungen, der ist auf dem **Geschwister-Scholl-Gymnasium**. Und der hat ernsthaft geglaubt, das seien die **Geschwister von Mehmet Scholl**.«
(WDR-Moderator Manni Breuckmann)

Heute im Starclub
Mehmet Scholl: Mädchen, Macken und Moneten

»Die schönsten Tore sind diejenigen, bei denen der Ball **schön flach oben reingeht**.«

»Spielerfrau.«
(Auf die Frage nach seinem Lieblingsberuf)

»Es ist mir völlig egal, was es wird. Hauptsache, er ist gesund.«
(Als werdender Vater)

»Lieber ewiges Talent als gar kein Talent.«

»Ich fliege irgendwo in den Süden – vielleicht nach Kanada oder so.«

»**Ronaldo?** Da hätte früher der Jens Jeremies gesagt: ›*Dass mir den ja niemand anfasst. Der gehört mir!*‹«
(Mehmet Scholl während einer Fernsehübertragung über Cristiano Ronaldo)

»Ich hatte noch nie Streit mit meiner Frau. Bis auf das eine Mal, als sie mit aufs Hochzeitsfoto wollte.«

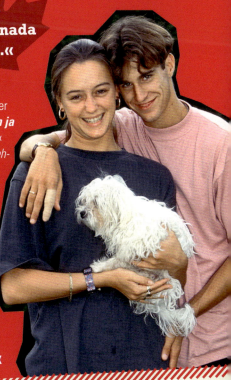

> »Nee, das habe ich noch nicht gewusst.
> **Ach du Scheiße!**«
> *(Martha Klinsmann zur Verpflichtung ihres Sohnes als Trainer des FC Bayern)*

»Ich finde es großartig, dass sich die Frauen immer mehr vermehren in der Bundesliga.«
(Franz Beckenbauer)

»Ich trinke nur Mineralwasser. **Wasser ist für meinen Körper Benzin.**«
(Jorginho)

»Ich habe mir früher im Training Schienbeinschützer angezogen, weil ich wusste: Wenn der ›Bulle‹ Roth sauer auf mich ist, dann fegt der mich auf die Aschenbahn. *Das Training war für mich Überlebenskampf.*«
(Uli Hoeneß)

»Ich kann Locken nicht leiden.«
(Carsten Jancker über seinen kahlen Kopf)

»Für Streicheleinheiten müssen wir uns eine Katze kaufen.«
(Miroslav Klose)

»Für die anderen war ich ein Star, aber ich habe mich gefühlt wie eine Glühbirne, die einsam von der Decke hängt – **nackt**.«
(Sebastian Deisler)

»**Er ist ein ausgezeichneter Spieler, aber er will nicht laufen. Er will nur in der Abwehr spielen. Da hat er es einfacher, da kann er mit der Krawatte spielen.**«
(Franz Beckenbauer über Martin Demichelis)

»**Fußball ist wie Lotto**. Mal spielt man gut, mal schlecht.«
(Adolfo Valencia, spielte in der Saison 1993/94 für die Bayern)

»Brasilianer bin ich eigentlich nur im Urlaub.«
(Dante)

»Ich habe gedacht, es ist Carl Lewis mit einer weißen Maske.«
(Eric Wynalda über Harald Cerny, der Anfang der 1990er Jahre für den FC Bayern spielte)

Starschnitt
Erich Ribbeck

»Jetzt weiß man, dass Erich Ribbeck **wirklich keine Ahnung hat**.«
(Mario Basler nach dem Aus der deutschen Nationalmannschaft bei der EM 2000)

»**Erich Ribbeck** ist vom Fußball so weit weg wie die Erde vom Mars.«
(Werner Lorant)

»In meinem *Spind hängen Zeitungsausschnitte*, in denen mich Trainer Ribbeck ziemlich heftig kritisiert. **Wenn ich den Spind aufmache, kriege ich Wut.**«
(Bruno Labbadia, als er im Jahr 1992 unter Trainer Erich Ribbeck spielt)

»Als der liebe Gott die Talente verteilte, hat der **Erich bei ›Schönheit‹ hier gerufen, ich bei ›Erfolg‹.**«
(Udo Lattek über sich und Freund Ribbeck)

»**Trainer,** Sie sind der Einzige hier im Verein, der von Fußball nichts versteht.«
(Jan Wouters zu seinem Trainer)

»Bei uns wird auf dem Platz zu wenig gesprochen. **Das könnte an der Kommunikation liegen.**«

»Grundsätzlich werde ich versuchen zu erkennen, ob die **subjektiv** geäußerten Meinungen **subjektiv** oder **objektiv** sind. Wenn sie **subjektiv** sind, werde ich an meinen **objektiven** festhalten. Wenn sie **objektiv** sind, werde ich überlegen und vielleicht die **objektiven subjektiv** geäußerten Meinungen der Spieler mit in meine **objektiven** einfließen lassen.«

»Konzepte sind Kokolores.«

»Wenn man in Form ist, sollte man **nicht gackern, sondern Eier legen**.«

»Die Tür zum Bad stand offen. Da sind überall Kacheln – deshalb dröhnt es, auch wenn man leise redet.«
(Nach einer lautstarken Halbzeit-Predigt)

Ribbeck als Dirigent auf der Wiesn.

Knackpunkt der Saison 2011/12 im Kampf um den Titel ist der 1:0-Erfolg des BVB gegen den FC Bayern am 30. Spieltag. Als der Niederländer Arjen Robben in der 86. Minute mit seinem Elfmeter an BVB-Keeper Roman Weidenfeller scheitert, bedeutet dies den gefühlten Titelgewinn. Franz Beckenbauer ist nach der Partie sauer: **»Bei mir als Trainer hätte Robben nicht geschossen. Es ist Gesetz im Fußball, dass der Gefoulte nicht schießt, aber vielleicht ist das Gesetz geändert worden oder noch nicht bis nach Holland durchgedrungen.«**

Mittelfeldspieler Mehmet Scholl von Bayern München beendet seine Karriere und verabschiedet sich standesgemäß mit einem Spruch von seinen Fans: **»Wir heulen heute Abend alle. Wir werden was trinken, und dann heulen wir alle. Und dann tauschen wir die Frauen, und dann geht's weiter.«**

Läßt in Sachen Merchandising die Puppen tanzen: Bayern Münchens Manager Uli Hoeneß.

»Wenn man an Weihnachten unter dem Baum den ersten Tabellenplatz sieht – und die anderen sehen das auch –, ist das ein gutes Gefühl.«

(Uli Hoeneß)

Die Bayern im Januar 1985.

Bayerns Abwehrspieler Tobias Rau ist vom Pech verfolgt. Zwei Muskelfaserrisse und zwei Muskelbündelrisse lassen ihn in München einfach nicht zum Einsatz kommen. Die Verletzungen sind angesichts einer sehr starken Konkurrenz ein weiteres großes Handicap für ihn. Doch Rau nimmt die Sache mit Humor: **»Ich habe bei den Bayern jedenfalls einiges mehr gerissen als Kahn und Ballack zusammen.«**

Stefan Effenberg möchte die Bayern verlassen. Warum eigentlich? Effenberg: **»Weil der Garten in München zu klein ist!«**

»Wenn wir am Ende der Saison vor den Bayern stehen, steigen wir zu 100 Prozent nicht ab.«
(Ralf Rangnick)

»Einmal war ich mit meiner Frau im Keller und habe gesehen, wie sie die Wäsche aus der Waschmaschine holte und in den Trockner warf. Da hab ich sie gefragt: **Warum wäschst du jetzt noch einmal?**«

(Klaus Augenthaler)

»**Ich will an meinem rechten Fuß feilen.**«
(Michael Tarnat)

»Zuerst hatten wir **kein Glück**, und dann kam auch noch **Pech dazu.**«
(Jürgen Wegmann)

»Zwei Chancen, ein Tor – das nenne ich hundertprozentige Chancenauswertung.«

(Roland Wohlfarth)

»Unser Medizinmann Ritschi Müller ist so fromm, dass er beim Duschen mit uns die Augen schließt.«
(Sepp Maier)

»Wir brauchen ab **sofort Ergebnisse**.«
(Christian Nerlinger)

»Vor zwei Tagen hat Michael Rensing beim Schuhbinden einen Hexenschuss bekommen. Ich bin aber zuversichtlich, dass er spielen kann. Zur Not finden wir jemanden, der ihm die Schuhe bindet.«
(Ottmar Hitzfeld)

»**Lieber neun Minuten Maradona beim Autowaschen zuschauen als 90 Minuten Hansi Pflügler beim Fußball!**«
(Max Merkel)

»In so einer Stadt habe ich früher nur geprüft, ob das Netz für meinen Schuss stark genug ist.«
(Jupp Heynckes nach einer Europapokal-Blamage bei Cork City)

Roland Grahammer (l) und Stefan Reuter

»Meine Freunde sind alles Schotten, und die gehen in kein Hotel.«

(Alan McInally, Schotte und von 1989 bis 1992 in Diensten des FC Bayern, auf die Frage, warum er so ein riesiges Haus benötige)

»Mein Sohn hat zu mir gesagt: ›Papa, du hast die Nummer 11, und du hast 11 Tore gemacht.‹ Ich antwortete: ›Okay, nächste Saison tausche ich die Nummer mit Danijel Pranjić. Der hat die 23.‹«

(Ivica Olic)

»Ich bin einfach **heiß auf alles**. Heiß auf die Champions League, heiß auf die Bundesliga – und **meine Frau wartet daheim** auch schon.«

(Hasan Salihamidzic)

»Vielleicht wäre das Spiel anders gelaufen, wenn der Pfosten reingegangen wäre.«
(Ruggiero Rizzitelli, italienischer Stürmer, von 1996 bis 1998 beim FCB)

»Alle meine Kinder wurden im März gezeugt. Da bin ich wohl besonders aktiv und gefährlich. Da müssen **sich die Frauen vor mir in Acht nehmen**.« *(Thomas Strunz)*

Starschnitt
Mark van Bommel

»Garantien kriegt man nur auf Waschmaschinen.«

(Auf die Frage, wie sicher er sei, dass Bayern in der Champions League weiterkommt)

»Dann dürfte ich den ja gar nicht aufstellen, denn der ist ja immer gefährdet.«

(Ottmar Hitzfeld auf die Frage, ob man van Bommel – rotgefährdet – nicht hätte auswechseln müssen)

»Da muss man sich ja schon fast Sorgen machen, wenn ich immer noch schneller bin als Mark van Bommel.«

(Karl-Heinz Rummenigge entkam durch einen Sprint der üblichen Meister-Bierdusche)

»So schlimm wie du war ich nie, Mark! **Schließlich habe ich ja auch mal den Ball gespielt.«**

(Stefan Effenberg)

»Ich habe immer gewusst, dass ich spiele. Ob es der Trainer gewusst hat, weiß ich nicht.«
(Manfred Schwabl)

»Doppelpass alleine? Vergiss es!«
(Lukas Podolski)

»Wir spielen Louis van Löw.«
(Thomas Müller zu den Auswirkungen des Bayern-Blocks auf die Spielweise der deutschen Fußball-Nationalmannschaft)

»Wenn **ich denke**, dass der **Torwart denkt**, und der **Torwart denkt**, dass **ich denke** – dann kann ich auch einfach schießen. Es macht **keinen Unterschied**.«
(Roy Makaay übers Elfmeterschießen)

»Die Tabelle, die ja nie lügt, täuscht ja oft.«
(Felix Magath)

Starschnitt
Robert Schwan

»Früher hast du die Spieler ganz anders anscheißen können.«
(Als Manager von Franz Beckenbauer)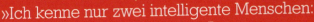

»Ich kenne nur zwei intelligente Menschen: **Schwan am Vormittag und Schwan am Nachmittag.**«

»Franz Beckenbauer und die verleumdete Dame, die sogenannte Mutter, die es gar nicht gibt, werden das beide dementieren.«
(Über des Kaisers Weihnachtsfeier-Affäre)

»Der Franz ist ein Genie, und Genies arbeiten nicht.«

»Da schreiben Firmen, er soll sie aufkaufen und gesund machen. Eine Maschinenfabrik, völlig am Ende, hat sich gemeldet: **Franz soll sie wieder hochbringen, so wie er es mit der Nationalelf gemacht hat.**«

»Ich finde **leichter zweitausend Rechtsanwälte** für einen Prozess **als einen Linksaußen für die Bundesliga.**«

»Man muss auch mal **aus zwei Chancen drei Tore machen** können.«

(Carsten Jancker)

»Brenos Problem ist, dass er zu früh nach Deutschland kam. Das ist kein einfacher Platz zum Leben. Es gibt da

kein Montags-Grillfest, keine Samba und auch keine schönen Frauen …«

(Juvenal Juvencio, Klubchef des FC São Paulo)

»Ich glaube, ich bin schon mit einer Zerrung auf die Welt gekommen.«

(Der ehemalige Bayern-Spieler Reinhold Mathy über seine Verletzungsanfälligkeit)

»Sein Kopf ist härter als die hölzerne Ersatzbank des FC Bayern.«

(Burkhard Weber, Kommentator, über Alan McInally)

Die Fanpost bei den Bayern bearbeitet der 80-jährige Rentner Kurt Preisenberger, und der sagt: *»Fan-Briefe sind auch Schmunzelbriefe!«* Drei Beispiele: *»Als einmal bei einem Spiel dem Sepp Maier drei Zähne eingeschlagen wurden, kam am nächsten Tag ein Eilpäckchen mit drei Ersatzzähnen. Der zwölfjährige Klaus hatte sie sich aus der Praxis seines Vaters geholt. Der achtjährige Martin aus Hamburg wünschte sich vor Rummenigges Weggang ein Haar, und der elfjährige Thomas schrieb aus Lebach: ›Ich wünsche von allen Spielern Autogramme, und damit der Verein nicht in Zahlungsunfähigkeit gerät, weil er den Kaffee nicht mehr bezahlen kann, lege ich neben dem Rückporto eine Tüte Kaffee bei.‹«*

KATZE

»Ein Torwart muss Ruhe ausstrahlen. Er muss nur aufpassen, dass er dabei nicht einschläft.« *(Sepp Maier)*

Sepp Maier liebt es, Journalisten auf die falsche Fährte zu locken. Im Frühjahr 1976 vergisst er vor einem Europapokalspiel bei Real Madrid seine Sonnenbrille. Als er das bemerkt, erwirbt er am Flughafen eine neue und setzt diese sofort auf – und auch während des Fluges nicht mehr ab. In Madrid fragt ihn ein Reporter ganz aufgeregt, seit wann er denn eine Brille trage, er habe bisher noch gar nichts davon mitbekommen. Es ist die Zeit für den Spaßvogel Maier gekommen: »Ja, weißt du das noch gar nicht? Die Brille hat mir ein Doktor verschrieben. Vor ein paar Tagen war ich beim Augenarzt. Er hat festgestellt, dass ich eine Brille tragen muss.« Aber mit einer Brille könne er doch nicht spielen, entgegnete der Reporter atemlos. Nein, nein, beruhigt ihn Sepp Maier, natürlich würde er Haftschalen benutzen. Die kämen aber leider erst am Donnerstag. Der Journalist fasst sich verwundert an die Stirn. Donnerstag? Das Spiel sei doch bereits am Mittwoch. Maier lächelt sanft: »Das wird schon gehen. Hoffentlich haben die Spanier ein helles Flutlicht. Im Training werden wir schon mal ausprobieren, ob es ohne Brille klappt.« Am nächsten Tag rufen Freunde aus der Heimat an, in der Zeitung stehe so eine komische Geschichte: »Blinder Torwart im Bayern-Tor. Sepp Maiers Haftschalen werden erst am Donnerstag fertig.«

Starschnitt
Luca Toni

»Er trainierte tagsüber ein wenig in München und verzichtete bis zum Redaktionsschluss auf erneute Kritik an van Gaal. Vorbildlich.«
(Die »Süddeutsche Zeitung« über Luca Toni)

»Immer wenn ich sage, ich bin hundertprozentig fit, schieße ich keine Tore. Deshalb sage ich, dass ich noch nicht fit bin.«
(Auf die Frage, ob er gegen Aris Saloniki wieder hundertprozentig belastbar sei)

»Bei Luca Toni müssen wir uns jetzt langsam Sorgen machen. Heute hat er nur ein Tor geschossen.«
(FC Bayerns Vorstandschef Karl-Heinz Rummenigge über Luca Toni, der zuvor in vier Spielen mit Toren im Doppelpack geglänzt hat)

»Si.«
(Der Stürmer auf die Frage, ob es stimme, dass es beim gemeinsamen Deutschunterricht mit den Kollegen Sosa und Ribéry zwar lustig, aber wenig effektiv zugeht)

»Er kann auch schon ›Tschüs‹, nicht nur ›Hallo‹.«
(Miroslav Klose über die sprachlichen Fortschritte seines italienischen Sturmpartners)

Starschnitt
Mario Gomez

»Ich habe einen Körper wie ein Gott, aber nicht wie Mario Gomez.«
(Louis van Gaal)

»Das war kein **Zuckerbissen** für die Fans.«

»Ich will jeden Ball versenken. Zu Hause im Garten und auch in jedem Bundesligaspiel.«

»Wir haben schon den Druck gespürt, ich hatte richtig **dicke Schenkel**, als ich reinkam.«

»Natürlich muss das ein Tor sein. Aber in meinem Kopf war: In diesem Stadion hast du das Toreschießen gelernt, da wirst du schon ein, zwei machen.«
(Nachdem er mit den Bayern in Stuttgart freistehend vor dem Kasten das Tor nicht traf)

»Man kann sich immer verbessern, aber ich kenne meine Stärken und weiß, dass ich komplett bin.«

»Lucio hat eine richtige Ruder-WM bestritten.«
(Mario Gomez, der in den Zweikämpfen ständig durch die Arme des Brasilianers traktiert wurde)

»Wenn's lafft, dann lafft's. Wenn net, dann net. Aber bei uns lafft's.«
(Manfred Schwabl)

»Roter Stern kann einer Niederlage nur entgehen, wenn man das Spiel absagt. Bayern München ist ein Panzer, der fliegt.«
(Der ehemalige Bundesligatrainer Dragoslav Stepanovic über die Chancen von Roter Stern Belgrad im Spiel gegen Bayern München)

»Mich persönlich freut es, aber die Frauen in München werden trauern.«
(Uli Hoeneß zur Sperre von David Beckham im Champions-League-Spiel)

»Wenn die Spieler im Urlaub etwas getan haben, dann können wir uns in Dubai Waldläufe ersparen.«
(Felix Magath)

»Es ist wichtig, dass man 90 Minuten mit voller Konzentration an das nächste Spiel denkt.«
(Lothar Matthäus)

»Der Kahn gehört in den Käfig und weg.«
(Dr. Robert Wieschemann, 1. FC Kaiserslautern)

»Klaus Augenthaler hat mir mal gesagt, dass man beim FC Bayern mit Messer und Gabel isst – nur weil ich die Kartoffeln mit der Hand von der Schüssel auf den Teller befördert habe.«
(Carsten Jancker)

»Basler ist die teuerste Parkuhr der Welt. Er steht rum und die Bayern stopfen Geld rein.«
(Max Merkel)

»Die älteren Spieler sprechen oft so sehr bayerisch, dass ich sie nicht verstehe. Ich nicke dann einfach.«
(Michael Ballack nach seinem Wechsel zum FC Bayern)

»Schöne Grüße an alle Bayern-Spieler. Nur nicht an die Bratwürste Olaf Thon und Thomas Berthold.«
(Stefan Effenberg)

Hier waren sie noch friedlich vereint: Olaf Thon (r) und Stefan Effenberg verbrachten ihre Freizeit während des Trainingslagers 1991 beim Angeln.

Starschnitt
Udo Lattek

»Er neigte dazu, beim Trinken das Maß zu verlieren, was seine Privatsache war, solange er nicht bei Reisen mit der Mannschaft für peinliche Zwischenfälle sorgte. Aber vor einem Freundschaftsspiel in Liechtenstein warf er die Hotelbesitzerin in den Swimmingpool, im Hotel Krummweg bei Düsseldorf, wo wir immer während Reisen in den Westen wohnten, diente ihm ein Relief in der Halle als Zielscheibe. Er bewarf es mit Äpfeln, Birnen, Orangen, Bananen. Es sah am nächsten Morgen aus wie ein an die Wand geklebter Obstsalat.«

(Franz Beckenbauer in seinem Buch »Ich – wie es wirklich war« über Trainer Udo Lattek)

»Ich bin zu gut, um keinen Erfolg zu haben auf Dauer.«

»Norbert, was passiert denn, wenn sich einer erlaubt, in dein Haus zu kommen, eine Flasche Bier aus deinem Kühlschrank holt und danach deine Frau küsst? Haust du dem etwa nicht gehörig auf die Schnauze?«
(Zu Norbert Eder)

»Wenn ich verliere, fühle ich mich, als wenn ich ein bisschen sterbe.«

»Lattek oder Pattek, egal. Diese Bayern-Mannschaft mit Franz, Sepp und dem Gerd Müller, die könnte ich auch telefonisch trainieren. Der Müller macht ihm seine Tore, und der Uli Hoeneß zupft das Laken zurecht.«
(Max Merkel)

Reporter zu Lattek: **»Nun sind Sie tatsächlich Deutschlands erfolgreichster Trainer aller Zeiten.«**
Lattek: **»Ja, aber nur, weil der Hennes Weisweiler inzwischen tot ist.«**

» Auslaufen. Die sollen auslaufen, wir gehen jetzt zum Aussaufen!

Die Bayern wissen schon, wie sie ihre Werbepartner zufriedenstellen. Als ZDF-Mann Eberhard Figgemeier sein Interview mit Bayern-Trainer Udo Lattek führt, prangen überall Schilder mit der Aufschrift »I like Commodore« im Bild. Und auch der Coach weiß, was sich gehört: **»Erstmals muss ich im Commodore-Raum eine Niederlage kommentieren.«**

»Cramer trainiert nur ihre Hinterköpfe. Am Ende haben alle Abitur, aber der FC Bayern zu wenig Punkte.«

(Wilhelm Neudecker, der Vorsitzende der Bayern, lässt kein gutes Haar an seinem ehemaligen Trainer.)

Sepp Maier weiß, was ihn zu Hause, nach einer weiteren, unglücklichen Niederlage, erwartet: **»Wenn ich heute heimkomme, wird nur mein Hund freundlich zu mir sein.«**

»Ich versuche den Spielern beizubringen, dass Fußball nicht nur mit den Beinen gespielt wird. Wenn bei mir ein Spieler vom Platz geht, darf er nicht sagen, dass ihm die Beine wehtun, sondern er muss über Kopfschmerzen klagen, weil er während des Spiels so viel denken musste.«

(Bayerns neuer Trainer Branko Zebec)

»Kaiserslautern wird mit Sicherheit nicht ins blinde Messer laufen.«

(Franz Beckenbauer)

»Was? Ich habe die ganze Saison nur zwei Gelbe Karten bekommen? Ich bin zu milde geworden!«

(Udo Horsmann nach dem entscheidenden 4:1-Sieg der Bayern am Bökelberg nachdenklich)

»Da kam dann das Elfmeterschießen. Wir hatten alle die Hosen voll, aber bei mir lief's ganz **FLÜSSIG**.«

(Paul Breitner)

»Nein, da ist ja inzwischen Schnee über die Sache gewachsen.«

(Andreas Herzog auf die Frage, ob er Oliver Kahn, der ihm vor Jahren nach einem Gegentor an die Kehle ging, immer noch böse sei)

»Das ist Schnee von morgen.«

(Jens Jeremies)

»Es gibt viele Maiers, aber **nur einen Sepp Maier**. Es gibt auch viele Pfaffen, aber **nur einen Jean-Marie**.«

(Jean-Marie Pfaff)

Starschnitt
Louis van Gaal

»Ich würde bei Bayern München bleiben, **weil sie einen guten Trainer haben.**«

(Van Gaal auf die Frage, ob er an Ribérys Stelle zu Real gehen würde)

»Ich finde es schön, wenn ich mit Rudi Carrell verglichen werde! Es ist das erste Mal, dass ich von den Medien so positiv bewertet werde. Das war in Holland und Spanien nicht so.«

(Als er mit Bayern Meister geworden war)

»Ich bin kein Disziplinfanatiker. Ich bin ein Freund von Normen und Werten. Meine Frau nennt mich einen Softie.«

»Zwei Tage ohne van Gaal ist besser für die Spieler und besser für mich.«

(Der weise Trainer gab seinen Spielern zwei Tage frei.)

»Ich bin ein intelligenter Trainer. Ich trainiere **mehr fürs Köpfchen als für die Beine. Das ist schwierig für manche Spieler.**«

»Ich bin ein Feierbiest!«

»In der ersten Halbzeit **war Nürnberg nicht Nürnberg**. In der zweiten Halbzeit **war Nürnberg Nürnberg**.«

»Ich bin wie Gott, ich werde nie krank, und ich habe immer recht.«

»Ich hoffe, dass das Verlangen größer ist als die Müdigkeit, aber wir haben auch **Weicheier**.«

(Über die Belastung im Titelkampf)

»Wir haben in dieser Saison **nicht oft geduselt**, aber heute schon.«

»*Sie wissen, dass Sie einem Papagei erst vorsprechen müssen. Sie sagen ›Lore‹, dann sagt er ›Lore‹. Wenn Sie dann sagen: ›Van Gaal ist ein Schwanz.‹ Dann ruft er auch: ›Van Gaal ist ein Schwanz.‹*«

(Zur Kritik von Scholl und Kahn an ihm)

»Ruht euch jetzt aus. Geht nicht shoppen. Keine Party. Einfach Ruhe. Und wenn euch langweilig ist, **spielt ein bisschen mit eurer Frau**.«

»Seid's vorsichtig, vielleicht komme ich wieder!«

(Franz Beckenbauer bei der offiziellen Verabschiedung von der Mannschaft nach der Saison 1993/94)

»In Gladbach stehe ich vor einem Müllberg, in München stehe ich vor dem Brenner!«

(Stefan Effenberg)

»Ich bin so teuer wie eine neue Tennishalle.«

(Oliver Kreuzer, Neuzugang vom KSC)

Bereits einen Tag nach der gewonnenen Meisterschaft muss Bayern-Spieler Holger Willmer ins Krankenhaus – eine komplizierte Schulteroperation wartet auf ihn. Doch am Abend des Triumphs nimmt er die Geschichte noch ganz humorig: »Wenn die Feier richtig feucht wird, brauche ich vielleicht nicht einmal eine Narkose!«

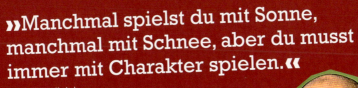

>>Manchmal spielst du mit Sonne, manchmal mit Schnee, aber du musst immer mit Charakter spielen.«

(Pep Guardiola)

>>Grundsätzlich ist es mir egal, was meine Spieler essen und trinken. **Hauptsache, sie nehmen mir bei McDonald's keinen Platz weg.«**

(Felix Magath)

»Ein Lothar Matthäus spricht kein Französisch.«

(Lothar Matthäus)

»**Hitlers Tagebuch.** *Das hat mich dann doch interessiert.*«
(Stefan Effenberg bei der Vorstellung seines Buches auf die Frage, welches Werk der Weltliteratur ihn besonders geprägt habe)

»Wir haben unheimlich viel Tempo gespielt. **Ich glaube, sogar der Schiedsrichter hat sich eine Zerrung geholt.**«

(Olaf Thon)

»Meine ideale Ehefrau ist meine Freundin, mit der ich schon fünf Jahre zusammen bin. Sie tut alles, was eine Frau für einen Berufssportler tun muss. Nämlich dafür sorgen, dass er Ruhe hat, dass er ausgeglichen ist und dass er immer zu Höchstleistungen bereit ist und es immer bringen kann.«
(Michael Rummenigge)

»**Fußball ist nur schön, wenn du hinterher einen Verband hast und nicht nach zehn Minuten geföhnt bist.**«
(Klaus Augenthaler)

»In Kaiserslautern werden wir ausgeruhter sein. Das ist ein Abendspiel, da kann man sich am Nachmittag noch hinlegen.«
(Markus Babbel)

»Ball rund, Stadion rund, ich rund.«
(Tschik Cajkovski)

Den Schlusspunkt seiner Karriere setzt Paul Breitner nach der Saison bei einem Freundschaftsspiel in Asien. Ohne sich abzumelden, geht er in der 70. Minute vom Platz, wird vom Linienrichter zurückgehalten und nach einer Beleidigung vom Schiedsrichter gefragt: **»Wollen Sie die Rote Karte?«** Breitner antwortet lächelnd: **»Jawoll, ich will sie!«** Und später: **»So ist es richtig, die Rote Karte war ein Symbol. Jetzt ist endgültig Schluss!«** Einer seiner Gründe für den Abschied ist der Ansehensverlust der Bundesliga. Breitner: **»Ich habe keine Lust mehr, mich von Achtjährigen ein Arschloch nennen zu lassen.«**

»Es war sehr schmerzvoll, **aber ich habe kaum was gespürt.«**

(Miroslav Klose)

»Entweder ich gehe links vorbei, oder ich gehe rechts vorbei.«
(Ludwig Kögl)

»Da sind meine Gefühle mit mir Gassi gegangen.«
(Jürgen Klinsmann)

»Der Rizzitelli und ich sind schon ein tolles Trio.«
(Jürgen Klinsmann)

Marzipanfiguren des Führungspersonals des FC Bayern auf einer Torte

»Mir ist das egal, solange wir nicht die Spielersitzungen über Walkie-Talkie aus dem Knast machen müssen.«
(Toni Schumacher, nachdem Trainer Sören Lerby zu sechs Monaten auf Bewährung verurteilt wurde)

»Weiß ich nicht so genau, **so etwa Ende 50, Anfang 60.**«
(Hamit Altintop auf die Frage nach dem Alter seiner Mutter)

»Der springt so hoch, wenn der wieder runterkommt, liegt auf seiner Glatze Schnee.«
(Norbert Nachtweih über Dieter Hoeneß)

Starschnitt
Philipp Lahm

»Ich glaube, körperlich fehlt uns nichts. Das hat man auch gesehen, dass wir auch am Ende noch hinterherlaufen können ...«
(Über die Fitness beim FCB)

»Oft bin ich vom Training nach Hause gekommen und habe zu meiner Frau gesagt: ›Gudrun, dem Philipp Lahm beim Training zuzusehen, ist wie Bratwurst essen. Ein richtiger Genuss.‹«
(Hermann Gerland)

»Philipp ist kein Mann für eine Nacht, der hat meistens gar nicht so viel Zeit!«
(Mehmet Scholl)

»Auf dem Platz Weltklasse, außerhalb Kreisklasse.«
(Rudi Völler)

»Wenn der kein großer Spieler wird, werde ich Wasserball-Trainer!«
(Hermann Gerland)

Starschnitt
Louis van Gaal

»Es geschieht nicht häufig, dass jemand, der noch lebt, eine Autobiografie schreibt.«

Sylvie van der Vaart, Truus und Ehegatte Louis van Gaal vor der Präsentation der Autobiografie

»Okay, zuerst. Ich habe gesehen, viele Frauen sind hier. So, auch, viele Mutti. Ein dicke Kuss von den Trainer von der Meister. Und, wer hat die beste Verteidigung? FC Bayern. FC Bayern. Wer hat die beste Angriff? FC Bayern. Und deswegen sind wir Meister. Und nicht nur von München, nicht nur von München, auch von Gelsen-kir-chen, auch von Bremen und auch in Hamburg. Wir sind die Beste von Deutschland! Und, vielleicht, Europas, jaaaaaa!«

(Legendäre Bayern-Meisterrede 2010 an einem Muttertag auf dem Rathausbalkon in München)

»**Ich habe einen Körper wie ein Gott.** Die Lederhose passt mir und ich habe auch einen Bauch.«

(Über den geplanten Oktoberfest-Besuch)

»Ich spiele besser als er, trotzdem schreit er immer Ratschläge über den Platz, so dass alle uns anstarren. Am Ende ist es mir dann egal, **ich lasse ihn einfach gewinnen. Sonst ist er sauer.**«

(Truus van Gaal über ihren Mann Louis beim Tennis)

»Van Gaal erinnert mich an mich!«
(Uli Hoeneß)

»Louis, du bist unser Feierbiest. Und als Feierbiest hat man die Verantwortung, dass auch im nächsten Jahr die Feiern gefeiert werden. Dementsprechend: Leg los!«

(Karl-Heinz Rummenigge auf der Jahreshauptversammlung 2010)

Er fragt: »**Haben wir Salz?**« Dann sage ich: »**Ja, natürlich haben wir Salz.**« Er fragt mich dann: »**Wo haben wir das Salz?**« Dann sage ich: »**In der Tiefgarage …**« Natürlich haben wir es dort nicht. Das ist in der Küche. Aber er weiß es halt nicht.

(seine Ehefrau Truus über den Meistertrainer)

»Es hat bei uns keinen Sinn, dem Trainer reinzureden – **dann macht er genau das Gegenteil.**«

(Bayern-Präsident Uli Hoeneß über seinen Trainer)

»Wenn er Postbote wäre, würde er meinen Hund beißen oder gleich aufessen.«

(Mehmet Scholl über Louis van Gaal)

55

Nach der Saison 1988/89 geht Jürgen Klinsmann zu Inter Mailand und sagt:

> »Bayern München war für mich nicht möglich, schon von meinem Naturell her!«

Christoph Daum wird mit seinen Kölnern in der Saison 1988/89 ein ernsthafter Konkurrent um die Meisterschaft. Vor dem Spiel gegen die Bayern rechnet er vor, dass sein Team bis auf einen Punkt am FCB dran ist, obwohl es eigentlich drei Punkte sind – Daum hat den Sieg gegen die Münchner schon fest eingeplant. Jupp Heynckes rät ihm daraufhin zu einem Tätigkeitswechsel:

> »Der Daum soll Lotto spielen, da kann er Millionär werden, wenn er alles im Voraus weiß!«

»Als Trainer hast du 14 oder 15 Spieler, aber einsetzen kannst du nur elf. Also musst du immer drei oder vier deiner Leute enttäuschen. Ich brächte das nie übers Herz. Ich kann einfach keinem wehtun.«

(Klaus Augenthaler, noch als Profi)

Jean-Marie Pfaff lässt keine Gelegenheit aus, in den Medien präsent zu sein. Als ein Fotograf den Garten eines Nachbarn ablichten will, sagt dieser: »Das muss aber ganz schnell gehen. Wenn nämlich der Pfaff uns sieht, will der sofort mit aufs Bild!«

Starschnitt
Karl-Heinz Rummenigge

»Wissen Sie, was 0,5 Promille sind?
Die hat doch hier im Stadion jeder.«

(Karl-Heinz Rummenigge zum Fahrverbot von Stürmer Giovane Elber)

»Einen **Stammplatz** erhält er, aber nur **auf der Ersatzbank!«**

(So begrüßt Bayerns Stürmer Karl-Heinz Rummenigge seinen neuen Mitspieler Asgeir Sigurvinsson.)

Rummenigge geht mit einem weinenden Auge aus München weg: **»Das ist wie mit der ersten Liebe – die vergisst man auch sein ganzes Leben nicht!«**

In München jubelt die Presse über einen neuen Star am Stürmerhimmel: **»Wenn man den Rummenigge mit seinem Gegenspieler in eine Telefonzelle sperrt, käme der eine Viertelstunde nicht an den Ball.«**

»Die Schalker haben ja gar keinen Balkon und müssten erstmal einen bauen. Bei der Finanzlage der Kommunen wollen wir ihnen das aber doch lieber ersparen.«

(Karl-Heinz Rummenigge kurz vor dem Meisterschaftsfinale)

Starschnitt
Hermann Gerland

Hermann Gerland

Der Bochumer Junge im Trikot des FC Bayern, Hermann Gerland, freut sich ganz besonders über seine erste Meisterschaft: »Wissen Sie, ich bin ein besessener Fußballer, aber ich hatte noch nie einen Titel gewonnen. Und nun war ich dabei, wenn der renommierteste Verein Deutschlands einen Triumph feiert. Da habe ich an meine Bochumer Zeiten als Profi gedacht, wo Mutter meine Trainingsklamotten waschen musste, und wir Spieler, wir durften uns beim Mittagessen entweder für Suppe oder Nachtisch entscheiden. Da gab es nur entweder-oder, beides kriegte keiner. In mir war immer der Wunsch, einmal sagen zu können: Einer aus Bochum war ein bisschen am Gewinn der Deutschen Meisterschaft beteiligt. Und jetzt stand ich da auf dem Balkon und war überwältigt von dem Gefühl: Junge, du hier oben – es hat sich alles gelohnt!«

»Ich bin ein altmodischer Trainer. 32 Jahre mit derselben Frau verheiratet, nicht tätowiert, ohne Ring im Ohr, nicht gepierct.«

»Ich bin froh, dass ich ein Arbeiterkind bin, nach wie vor. Und ich weiß, dass ich beim Kacken die Beine krumm machen muss wie jeder andere auch.«

»Wenn einer die Hosen voll hat, sehe ich das.«
(Um seinen Spielern die Angst vor dem Betzenberg zu nehmen)

»Sie schwitzen ja schon, wenn Sie ein Mikrofon in der Hand halten müssen.«
(Als ihn ein TV-Reporter auf die Schwächen seiner Mannschaft ansprach)

»Nach 20 Minuten waren zwei von denen angeschlagen. Die sind gehumpelt! Aber die sind schneller gehumpelt, als wir gelaufen!«

»Auf Gefühle gebe ich gar nichts. Dreimal hatte ich das Gefühl, einen Sohn gezeugt zu haben, und wir haben drei Töchter zu Hause.«

GEFÜHLE SIND JA TOLL. ABER DAMIT SCHIESST MAN KEINE TORE.
HÖRT AUF HERMANN!

»Hätte, wenn und aber, alles nur blödes Gelaber!«

»Bevor man untern Torf kommt, macht man einiges mit im Leben.«

»Die haben doch heute Verletzungen, die gab es bei uns damals gar nicht.«

»Im Training lasse ich sie statt zehn nur neun Runden laufen.«
(Auf die Frage, wie er seine Spieler belohnt)

»Bayern ist der Mercedes in der Bundesliga. Alle anderen fahren im Golf hinterher.«
(Kaiserslauterns Trainer Otto Rehhagel)

»Wenn bei uns das **A- gegen das B-Team** spielt, ist das **Fußball von Weltniveau**.«
(Uli Hoeneß)

»Ich bin giftiger als die giftigste Schlange.«
(Bayerns Stürmer Jürgen Wegmann)

»Ich muss schnell laufen, weil ich bekanntlich so friere.«
(Mazinho – ein Brasilianer beim FC Bayern München)

»Es gibt Mannschaften, die wollen das Beste –

Bayern aber will einfach alles.«

(Gustl Bayrhammer, Volksschauspieler)

»Wenn die Fans mit Flaschen werfen, stört mich das nicht. Nur voll müssten die Flaschen sein.«
(Sepp Maier)

»Wenn wir ins Münchner Olympiastadion kommen, stinkt es immer nach Scheiße – so voll haben wir die Pampers.«
(Reiner Calmund)

»Die Bayern sollten besser im **Leopardenstring** auftreten, das würde dem Spiel der Mannschaft viel mehr Glamour verleihen.«
(Bixente Lizarazu)

»Dicke Autos fahren, abends ins P1 rennen und Fußball spielen wie die Osterhasen. Das geht nicht …«
(Hermann Gerland im Werbespot)

»In diesem Scheißverein kann man nicht mal richtig feiern.«
(Paul Breitner)

Reporter

»Da steht Jürgen Kohler, der Münchener Manndecker, spannt seinen Oberkörper wie ein Fangnetz unter der Zirkuskuppel und fängt das Leder mit der Brust. Wie Obelix den Hinkelstein auf dem Rücken hat Kohler in diesen Sekunden den Ball auf der Brust. Wie festgeklebt, das Leder fällt nicht runter.«

(»Kicker«)

Erst Kacke – dann Hacke

(Die »Bild«-Zeitung über Giovane Elber, der nach überstandener Darminfektion ein Tor mit der Ferse erzielte)

»Aumanns Trikot ist voller Schlamm. Wenn der sich jetzt auf 'ne Heizung setzt, kann er sich mit 'nem Hammer ausziehen.«

(Werner Hansch)

»Der Bayern-Manager Uli Hoeneß kann es nicht lassen: Er muss sein Würstchen in jeden Topf hängen, obwohl doch niemand nach Senf gerufen hat.«

(»Frankfurter Rundschau«)

»Manche Dinge müssen einfach raus.«
(Marcel Reif über Roque Santa Cruz, dem während des Spiels etwas aus der Hose hing)

»Wie auch immer es ausgehen mag,
es war ein schwer erkämpfter Sieg für die Bayern.«
(Wilfried Mohren)

**»Der Jüngste auf dem Platz, der ist ja gerade
erst 19 geworden. Das hat ja ewig gedauert,
der war ja ewig 18.«**
(Fritz von Thurn und Taxis über den Bayern-Spieler Roque Santa Cruz)

»Bitte passen Sie auf die Spieler des
FC Bayern auf. **Die waren teuer**.«
(Stadionsprecher des FT Gern, als nach einem Testspiel gegen den Kreisligisten
die Zuschauer den Platz stürmten)

»Eher tritt der Papst aus der Kirche aus, als dass ein Münchner vom überzeugten ›Bayer‹ zum ›Sechziger‹ wird.«
(»Sports«)

Starschnitt
Lothar Matthäus

»Da geht ein großer Spieler. **Ein Mann wie Steffi Graf!**«
(Jörg Dahlmann über Lothar Matthäus)

»Ich dachte, er kommt mit dem Hubschrauber.«
(Ottmar Hitzfeld, nachdem er versehentlich seinen Wagen auf dem Parkplatz von Lothar Matthäus abgestellt hatte)

»Es würde mir aufs Gemüt schlagen, etwas abzuschaffen, was Lothar mochte.«
(Bayern Münchens Busfahrer Rudi Egerer, der auch nach dem Abschied von Lothar Matthäus dessen Lieblingsgebäck Marmorkuchen bei jeder Fahrt mitführte)

»Ich hab früher schon in der Westkurve gestanden und Lothar Matthäus beschmissen.«
(Mario Basler)

»Warum muss Deutschland den Zuschlag für die Fußball-WM 2006 erhalten? Weil Lothar Matthäus dann nicht mehr transportfähig ist.«
(Mehmet Scholl)

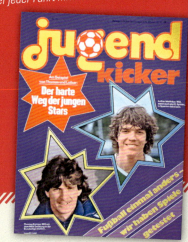

»Ich hab' keine Probleme, mit Werner Lorant mal ein Bier zu trinken – **oder auch mal ein Kaugummi zu kauen!**«

»**Wir dürfen jetzt nur nicht den Sand in den Kopf stecken!**«

»Wir sind eine gut intrigierte Truppe.«

»**Die Schuhe müssen zum Gürtel passen.**«

»Ein Lothar Matthäus lässt sich nicht von seinem Körper besiegen, ein Lothar Matthäus entscheidet selbst über sein Schicksal.«

»Vielleicht komme ich mal als **Karnickel** wieder auf die Welt.«

»Ich möchte keine Frau sein, sonst würde ich ständig an **meinem Busen spielen!**«

»Gibt man ihr den Schlüssel, findet sie ihr Hotelzimmer allein. Sie weiß auch, wie der Wasserhahn aufgeht.«

(Stefan Effenberg über seine Frau und die Frage, ob Spielerfrauen die Konzentration vor dem Champions-League-Finale stören)

»Die Spieler, die sich für kritische Worte taub stellen, die dürfen sich nicht wundern, wenn man sie eines Tages auch für blind hält.«

(Jupp Heynckes)

»Erst wenn ich **Moos auf den Knien** habe und die Kameraden **mich beim Einlaufen stützen** müssen, dann höre ich auf.«

(Sepp Maier, dessen Karriere am Ende ein Autounfall stoppte)

»Die Pferde, die sich anfangs sträuben und wehren, sind am Ende die besten. So ist es auch im Fußball. Die, die eckig und kantig sind, kannst du am besten gebrauchen.« *(Hermann Gerland)*

»**Warum kommt denn da kein Verkäufer? In München würde man dieses Problem mit Hubschraubern lösen!**«

(Bayern-Fan, als der Bierverkauf beim Pokalfinale 1971 in Stuttgart stockte)

Günter Netzer als Nikolaus bei der Familie Breitner? Paul Breitner erinnert sich: »Günter hat zweimal den Nikolaus bei uns gemacht! Wir haben es kein drittes Mal versucht, weil eine unserer Töchter gesagt hat: ›**Du Günter, schon komisch, der Nikolaus hat genauso ›Tichtuch‹ gesagt wie du!**‹«

Bixente Lizarazu ohrfeigt Lothar Matthäus beim Training – und ganz Deutschland guckt zu. Trainer Ottmar Hitzfeld bleibt nichts anderes übrig, als das Vergehen mit einer Geldstrafe zu ahnden. Er fragt seinen Kapitän Stefan Effenberg um Rat, und der hat so seine eigene Meinung: »**Wieso Geldstrafe? Er müsste eigentlich Geld bekommen für das, was er gemacht hat. Dafür, dass einer dem Lothar mal was vor den Koffer gegeben hat.**«

Starschnitt
Schiedsrichter

Bayerns Thomas Helmer stochert am 23. April 1994 gegen Nürnberg (2:1) den Ball am Gehäuse des Clubs vorbei. Doch Schiedsrichter Osmers erkennt den Treffer an. Bayerns Vizepräsident Karl-Heinz Rummenigge nach dem Schauen von zig Wiederholungen des Phantomtors: »Wir werden den Ball nicht reinkriegen.«

»Wenn der Mann in Schwarz pfeift, kann der Schiedsrichter auch nichts mehr machen.«
(Andreas Brehme)

»Mit Regeln kenne ich mich nicht aus. **Ich habe dem Schiedsrichter versprochen, ich mach nichts kaputt.**«
(Hermann Gerland, als er während einer Spielunterbrechung einfach auf den Platz lief, um Lahm etwas zu trinken zu bringen)

»Abseits ist, wenn der Schiedsrichter pfeift.«
(Franz Beckenbauer)

»Ihr drei kleinen Schweine habt uns den Sieg geklaut! Das könnt ihr ruhig dem DFB melden.«
(Karl-Heinz Rummenigge im Kabinengang zum Schiedsrichtergespann)

»Die meisten Schiris gehören leider ins Finanzamt!«
(Paul Breitner)

»Schiri, pfeif ab. I mog nimmer.«
(Paul Breitner nach 30 Minuten in einem Europacupspiel beim Stand von 3:0 gegen die Bayern)

»Und du spielst wie ein Arsch!«
(Wolf-Dieter Ahlenfelder auf Paul Breitners Beleidigung »Du pfeifst wie ein Arsch!«)

»Schiedsrichter kommt für mich nicht in Frage, schon eher etwas, was mit Fußball zu tun hat.«
(Lothar Matthäus auf die Frage, was er nach seiner Karriere plane)

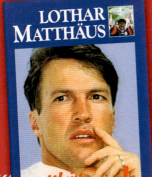

»Ich würde gerne nach Dubai, um auch mal die andere Seite, den Osten Europas, kennenzulernen.«
(Lothar Matthäus)

»Der Trapattoni spricht mittlerweile besser deutsch als der Augenthaler bei der Brotzeit.«
(Max Merkel)

»Wenn ich mal das Ergebnis weglasse, dann ist die Bilanz sehr positiv.«
(Erich Ribbeck)

»Herr Rehhagel, ich ziehe bald um. **Wie viel Farbe brauche ich für ca. 70qm?«**
(Ein Journalist auf Rehhagels letzter Bayern-Pressekonferenz, als der Trainer und gelernte Maler Rehhagel gemeint hatte, er beantworte ab sofort nur noch Fachfragen)

Frage eines Reporters an Bayern-Neuzugang Jupp Kapellmann: »Werden Sie von den Bayern geschnitten?« Antwort: »Ich habe nur festgestellt, dass der Rasen des Trainingsplatzes frisch geschnitten ist.«

Uli Hoeneß will nicht ans Telefon gehen und schickt Sohn Florian an den Apparat: »Florian Hoeneß. Den Papa? Ja, ich schau mal nach, ob der Papa hier ist!« Der Hörer knallt auf den Tisch. Dann ist im Hintergrund eine Kinderstimme laut und deutlich zu hören: »Papa, bist du da?«

»Ich habe mal den Begriff konstruiert, **dass Herr Lorant in gewisser Weise intellektallergisch reagiert,** und auf dieser Ebene ist mit ihm ziemlich schwer auszukommen.«

(Jupp Kapellmann über Gyula Lorant)

Komiker Michael »Bully« Herbig trägt in der Schule ein Shirt des Bayern-Sponsors Magirus-Deutz mit dem Slogan **»Die Bullen kommen!«**. Fortan wird er **von einem Lehrer nur noch »Bully« genannt**.

„Mister Pitt" nannte Kapellmann seinen Stoffbären, den er lange Zeit von Spiel zu Spiel schleppte.

Zu den Bayern bringt Kapellmann auch seinen treuen Begleiter, den Stoffbären **»Mister Pitt«**, mit. Mit ihm spricht der Profi gerne mitten in der Kabine vor seinen Mannschaftskollegen auf Französisch. Das nervt diese so sehr, dass sie den Stoffbären eines Tages unter die Räder des Mannschaftsbusses legen – doch Kapellmann findet »Mister Pitt« gerade noch rechtzeitig, bevor das Gefährt anrollt. Kappelmanns Hund Noel zerfetzt das Kuscheltier schließlich aus Eifersucht und befreit den Fußballprofi endlich von der **»nachpubertären Erscheinung«** (O-Ton Kappellmann).

»Du musst nur wollen. Du musst fest dran glauben, dass die Kugel reinfährt. Dann fährt sie auch rein.«

(Jürgen Wegmann)

»Hier in **Rio de Janeiro erkennt mich** auf der Straße praktisch **niemand**. Auf dem Flug wurde ich sogar gefragt, ob ich ein Volksmusiksänger wäre.«

(Giovane Elber)

Starschnitt
Manuel Neuer

Uli Hoeneß: »Wir wollen Manuel. Und wo ein Wille ist, ist auch ein Weg. Aber die Schalker dürfen jetzt bloß keine Mondpreise aufrufen.«

Schalke-Aufsichtsrat Clemens Tönnies: »Wie wertvoll Manuel ist, hat er gegen Manchester United wieder mal bewiesen. Wie hoch der Mond hängt, entscheiden wir.«

Karl-Heinz Rummenigge: »Ich denke, Schalke bestimmt nicht, wo der Mond steht. Das macht die Natur schon selber. Im Übrigen haben wir im Moment abnehmenden Mond.«

»Wenn Clemens Tönnies hofft, dass Manuel Neuer noch einmal zurückkommt, dann muss er ihn nach der Karriere schon als Mitarbeiter in seiner Fleischfabrik anstellen.«

(Olaf Thon über eine mögliche Rückkehr von Neuer zu Schalke)

»Urin.«

(Manuel Neuer auf die Reporterfrage, was bei der Dopingprobe herausgekommen sei)

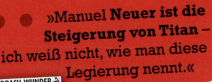

»Manuel **Neuer ist die Steigerung von Titan –** ich weiß nicht, wie man diese Legierung nennt.«

(Karl-Heinz Rummenigge)

Starschnitt
Katsche Schwarzenbeck

»Erst hob i den kaltg'stellt und dann hot er gfrogt, ob i ned zu seim Verein möchte.«
(»Katsche« Schwarzenbeck über ein Spiel gegen den Schotten Dennis Law)

»Schwarzenbeck als Libero – das ist so, als ob Willy Millowitsch versucht, den Hamlet zu spielen.«
(»Kölner Stadt-Anzeiger«)

»Katsche die Sexbombe!«

Mit dieser Schlagzeile sorgte 1974 eine Münchner Zeitung für Aufsehen. Grund für die Überschrift war ein Leserbrief im Männermagazin »Playboy«, in dem ein Herr Ahrweiler über seine Geliebte klagte: »...verfiel sie anlässlich der zahlreichen Übertragungen von der Fußball-WM sofort in Verzückung, wenn jener raubeinige Verteidiger auftauchte: ›Ja, mach doch, hau drauf, jetzt, jetzt, mehr, mehr – ooohhh!‹ waren noch die harmlosesten Seufzer, die sie von sich gab. Ich habe manchmal gedacht, dass meine Freundin zum Orgasmus kommt – vor allem, als jener Schwarzenbeck im Zweikampf Mann gegen Mann zuschlug...« Schwarzenbecks Kommentar zu dem Brief: »Ja, mei, der oane hat's halt – und der andere net.«

Schwarzenbeck wird nach erfolgreicher Beendigung seiner Buchdruckerlehre gegautscht.

Katsche wird Schauspieler. Im Film **»Wehe, wenn Schwarzenbeck kommt«** spielt der bayerische Abwehrhaudegen einen Postboten. Die Kritik ist nicht gnädig mit dem Streifen: **»Die dünnblütige Story ist lediglich der Rahmen für eher dürftige Gags und Sprüche von Werner Enke!«**

»Früher, da gab es noch einen wie Katsche Schwarzenbeck. **460 Bundesligaspiele, kein Ballkontakt.** Der dachte 20 Jahre lang, so'n Bein wächst nach.«
(Atze Schröder)

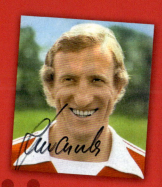

Nach zwei Beckenbauer-Eigentoren in Folge ist Torwart Sepp Maier sichtlich angefressen. Für die folgenden Spiele gibt er das Kommando aus: »Der Katsche Schwarzenbeck soll ab jetzt den Franz decken, nicht mehr den Torjäger vom Gegner. Der Franz ist zurzeit unser schärfster Gegner.«

Schwarzenbeck ist verletzt und beschäftigt sich mit dem Hasen Schnuffy.

Den dritten Bundesligatitel in Folge und den Gewinn des Europapokals der Landesmeister feiern die Bayern ausgiebig. In der Nacht des Triumphs hat Sepp Maier bereits gescherzt: **»Wenn ich morgen in Gladbach im Tor stehe und drei Bälle sausen auf mich zu, nehme ich immer den in der Mitte!«** Und so verschmerzen die Münchner das 0:5 bei Borussia Mönchengladbach mit einem müden Lächeln im Gesicht. Trainer Udo Lattek: »Dieses Spiel war für uns eine Alkohol-Verdunstungsstunde!«

»Das Finale war doch in Glasgow. Das kann höchstens Whiskey gewesen sein.«

(Dettmar Cramer, der Karl-Heinz Rummenigge vor dem Landesmeister-Finale 1976 zwei Cognacs zur Beruhigung gegeben haben soll)

»**Hör mal zu, du Osterhase,** als ich noch gespielt habe, da gab's dein Land noch gar nicht.«

(Hermann Gerland zum Slowenen Borut Semler)

Starschnitt
Christian Ziege

»Ja hallo, hier spricht Carl Lewis.«
(Damals Hertha Zehlendorf, als Uli Hoeneß anrief)

»Ich bin der linke, mittlere, defensive Offensivspieler.«

»Ich werde nicht akzeptieren, dass gesagt wird: ›Die Mannschaft ist ein Scheißhaufen.‹ So einfach ist es nicht. Logisch sind wir ein Scheißhaufen. Aber das ist nicht der einzige Punkt.«

»Jetzt sieht er aus wie ein frisch lackierter Totalschaden!«
(Mario Basler über den frisch geschorenen Glatzkopf Christian Zieges)

»Über Ziege gibt's nichts zu meckern.«
(Uli Hoeneß)

»Spielt's über links. Da ist der Ziege, **der kann nix!**«

(Franz Beckenbauer vor einem Spiel des VfL Bochum in der Kabine der Blau-Weißen. Der Kaiser hatte dort seinen ehemaligen Assistenten Holger Osieck besucht.)

Starschnitt
Uli Hoeneß

»Ich traue mir jedes Amt zu, **auch das des Papstes**. Und technisch würde ich es wohl auch gut machen.«

»Wir haben dieses Feindbild nicht selbst gemacht. Das haben andere aufgebaut, ganz bewusst. Aber wir leben nicht schlecht mit diesem Image. Das Schlimmste, was uns passieren könnte, wäre, wenn uns plötzlich alle lieben würden.«

»Eine Biografie? Von mir? Nein. Never ever! Wenn ich die Wahrheit über das, was ich alles erlebt habe, schreiben würde, müsste man etwa zehn Bände machen – und ich müsste nach der Veröffentlichung nach Australien auswandern.«

»Wenn der Hund und ich mit 40 Fieber krank im Bett liegen, kriegt zuerst der Hund einen Tee.«
(Hoeneß gewährt einen tiefen Einblick in sein Familienleben.)

»Es ist wie beim Film mit **Jack Daniels**: Besser geht's nicht!«
(Uli Hoeneß zur Situation des FC Bayern vor der Winterpause)

Hoeneß kaufte auf Schalke auch schon mal keine Spieler.

»Er ist eine Ikone. Ich kann einer Ikone nicht widersprechen. Aber ob es die Wahrheit ist, ist etwas anderes.«
(Louis van Gaal, nachdem er von Hoeneß kritisiert worden war)

»Der glaubt immer noch, dass er der **Größte** ist. Der kann mich mal am Hobel blasen.«
(Günter Eichberg, Präsident des FC Schalke 04)

»Wenn ein Mensch etwas nicht verdient hat, dann ist das Uli Hoeneß.«
(Lothar Matthäus, sprachlich sehr fein daneben)

»Uli, ich wünsch dir, bleib gesund. Gesundheit ist das Wichtigste im Leben. Na fast: Die auf der Titanic waren alle gesund – aber sie hatten kein Glück.«
(Franz Beckenbauer zu seinem Präsidenten-Nachfolger Hoeneß)

»Ich sehe nicht, was der Bayern-Manager sagt, weil ich den Fernseher immer abschalte, wenn er auf dem Bildschirm erscheint.«
(Willi Lemke)

Hoeneß mit Ehefrau Susi im Sommer 1972 in Rottach-Egern

Reporter

»Ich fasse mir ans rechte Ohr, schaue am Reporter vorbei und rede irgendein Zeug, das ich inzwischen selbst nicht mehr hören kann.«
(Oliver Kahn)

»Der Münchener Libero entwischte mit schnellem Antritt. Hätte Muntubila sein Ziel (das Hinterteil Augenthalers) getroffen, eine Gehirnerschütterung wäre nicht ausgeschlossen gewesen.«
(»Die Rheinpfalz«)

»Mutig von der Wespe, sich mit Oliver Kahn anzulegen.«
(Kai Dittmann über den Bayern-Keeper, der von einer Wespe gestochen wurde)

»Und was ist das für eine Kaderplanung, wenn die Indianer beim Husten des Häuptlings die Schweinegrippe bekommen?«
(Marcel Reif, als beim FC Bayern München Franck Ribéry verletzt ausfiel)

»Die Bayern haben Chancen ohne Ende und jetzt noch einen Elfmeter verschossen, da gibt es nur noch eine Möglichkeit: Es muss anfangen zu schneien.«

(Kai Dittmann)

»Er schaut so freundlich wie ein **Grizzly-Bär, der Zahnschmerzen hat**.«

(Der legendäre Sportreporter Hans-Joachim Rauschenbach über Franz Beckenbauer)

»Sein Goldkettchen hat gewackelt, aber das Tor hat er nicht getroffen.«

(Ulli Potofski über Roland Grahammer)

»Sagnol auf Pizarro. Die Südamerikaner unter sich.«

(Wolf-Dieter Poschmann)

»Arjen Robben wird jetzt nicht mehr gedoppelt, mittlerweile wird er sogar schon gedrittelt.«

(Fritz von Thurn und Taxis)

Meisterfeier 2005/06: ARD-Moderator Waldemar Hartmann bekommt während des Interviews mit Oliver Kahn von Valérien Ismael einen Eimer Wasser über den Kopf gestülpt.

Starschnitt
Stefan Effenberg

»Paul Breitner kann ich sagen, dass ich nie zerbrechen werde, nie im Leben. Ein Stefan Effenberg wird nicht zerbrechen … Wir sind Erster in der Tabelle, Freunde. Ist das so schwer zu verstehen? … Jaaa aber, da muss man aufpassen. Da muss man aufpassen, mit dem, was man sagt, was man schreibt und wie man das rüberbringt. Damit muss man aufpassen. **Weil, ich bin einer, der lässt sich das nicht gefallen, Freunde der Sonne! Nächste Frage!«**

(Stefan Effenberg im November 1999)

»Die Situation ist aussichtslos, aber nicht kritisch.«

»Wenn ich zur Ecke gehe, das weiß jeder, dann kommen Feuerzeuge und Geldstücke geflogen. Das war ein Zeichen, dass man dies eigentlich nicht machen sollte. Zumal nach der Euro-Umstellung viele nicht mehr so viel Geld in der Tasche haben. Da sollten die Leute lieber das Geld in der Tasche behalten, anstatt es zu mir zu werfen. Nicht zuletzt wegen der Steuererhöhung und was alles noch so kommt.«

(Erklärung für seine Scheibenwischergeste zu den Zuschauern in Bochum)

»Und ich wäre, wenn ich nicht Fußballer geworden wäre, **Batman** geworden.«

(Auf die Äußerung von Ronaldo, dass er Superman geworden wäre, wenn er nicht Fußballer geworden wäre)

Starschnitt
Lukas Podolski

»Wenn ich so einen linken Fuß gehabt hätte wie Lukas Podolski, hätte ich nicht 220 Bundesligatore gemacht, sondern 500.«
(Jupp Heynckes)

»Es überwiegt eigentlich beides!«

»Lukas Podolski ist ein Muskelpaket mit einem Schuss wie ein Pferd, dazu ein lieber, gemütlicher Typ, der Harmonie und Ruhe mag. Lukas wird kein dicker Brummer, aber vielleicht so ein kleiner, gemütlicher Dicker. Die wunderbare Küche seiner schlesischen Heimat könnte da einiges beitragen.«
(Reiner Calmund wagt eine Gewichtsprognose.)

»Wir stehen jetzt wieder mit leeren Punkten da.«

»Ich hab mit dem Miro ein ganz normales Super-Verhältnis.«

»**Ich denke nicht** vor dem Tor – das mache ich nie.«

> »Wir sind felsenfest davon überzeugt, dass Michael Rensing der legendäre Nachfolger von Oliver Kahn wird.«

(Uli Hoeneß über den damals 18-jährigen Nachwuchstorhüter Michael Rensing)

> »Ich habe schon einen Vor-Vor-Vorvertrag unterzeichnet.«

(Philipp Lahm zum angeblichen Interesse von Real Madrid an seiner Person)

> »Lucio ist ein **hervorragender Fußballer**, aber ein **noch besserer Schauspieler**.«

(Uli Hoeneß)

> »Aber der sagt nichts. Wie früher Siggi Held. Oder wie der eine, der gefragt wird, wie es ihm geht, und der antwortet: ›So ein Schwätzer.‹

(Franz Beckenbauer über Dietmar Hamann, der nach seiner Meinung die Führungsrolle übernehmen müsste)

> »I spui mei Spui.«

(Ludwig Kögl)

»Das macht uns so unberechenbar. Keiner weiß, wann er ausgewechselt wird.«
(Thomas Helmer)

»Ab der 60. Minute wird Fußball erst richtig schön. **Aber da bin ich immer schon unter der Dusche.**«
(Andreas Herzog zu seiner Zeit bei Bayern München, als er meistens recht früh ausgewechselt wurde)

»Sebastian war ganz begeistert, wieder diesen **Männerduft in der Kabine** zu riechen.«
(Giovane Elber nach Deislers Comeback)

»**Mit mir kriegt man keine Probleme. Man muss nur machen, was ich will.**«
(Harald Schumacher)

»Es gab eine feste Hierarchie, jeder hatte seinen bestimmten Platz. Über mich, den Kanadier, haben sie nur gelacht: ›**Geh doch zurück in dein Iglu!**‹, ging der Witz.«
(Owen Hargreaves über die Anfänge seiner Profikarriere beim FC Bayern, wo er zusammen mit Lothar Matthäus, Mario Basler und Stefan Effenberg spielte)

Gangstarapper Samuel Kuffour

Starschnitt
Gerd Müller

»Vielleicht wären wir ohne Gerd Müller und seine Tore noch immer in unserer alten Holzhütte an der Säbener Straße.«
(Franz Beckenbauer)

»Trainer? Ich will einen anderen Tod als Herzinfarkt.«

»Marmorkuchen, den ich sehr gerne esse, bäckt meine Frau, sooft ich Appetit darauf habe.«
(In seiner Autobiografie)

»Wenn's denkst, ist eh zu spät.«

»Mein fairster Gegenspieler war Rolf Rüssmann von Schalke 04. Der hat sich bei mir schon immer **vor dem Foul entschuldigt**.«

»**So ein Idiot.** Wäre ich schon dreißig gewesen, ich hätte ihm eine Ohrfeige gegeben.«
(Gerd Müller über Schiedsrichter Walter Eschweiler am 19. Spieltag beim 3:3 bei Hertha BSC)

»Ich habe nicht die Figur wie Gerd Müller. Zum Glück!«
(Die Frauen-Nationalspielerin Claudia Müller zu ihrem Ruf als Bomberin der Nation)

»Es gibt keinen größeren als ihn im Weltfußball. **Er steht unter Naturschutz.**«
(Franz »Bulle« Roth)

»Was soll ich mit diesem Kugelstoßer?«
(Dettmar Cramer, als der junge Gerd Müller zu Bayern München kam)

»Gerd Müller ist der einzige Torjäger der Welt, der **aus keiner Chance zwei Tore** macht.«
(ARD-Reporter Oskar Klose)

»kicker«-Kolumnist Martin Maier wird von Frau Inge T. aus Mainz gefragt: »Sind Sie verheiratet mit Gerd Müller, weil Sie ihn unentwegt lobpreisen?« Antwort: »Nein. Eine Ehe zwischen Männern bleibt erfahrungsgemäß kinderlos, und es wäre schade, kämen keine kleinen dicken Müllerlein zur Welt!«

Gerd Müller wird während der Vorbereitung zu seiner Hochzeit frisiert, daneben seine zukünftige Ehefrau Uschi.

Starschnitt
Gerd Müller

»Ihn zu stoppen, das ist etwa so, als wolle man einen fahrenden Bus mit bloßen Händen stoppen.«

(»L'Équipe« 1976 über Gerd Müller)

Duisburgs Detlef Pirsig erzählt über sein Rezept, Gerd Müller aus dem Konzept zu bringen: **»Der Gerd hat im Spiel pausenlos gequatscht, damit hat er sich in Stimmung und die Gegner um ihre Konzentration gebracht. Ich aber habe niemals während der neunzig Minuten auch nur ein einziges Wort zu ihm gesagt, niemals in seine Augen gesehen. Das hat ihn so aufgeregt, dass er gegen mich nie Land sah.«**

Fußballstars im Kino: Im vierten Teil der Lausbubenfilme nach Motiven von Ludwig Thoma spielen die Fußballnationalspieler des FC Bayern Sepp Maier und Gerd Müller sowie ihr Trainer Tschik Cajkovski Angehörige des bayerischen Heeres. Die Klamotte **»Wenn Ludwig ins Manöver zieht«** wird am 19. Dezember 1967 uraufgeführt. Keeper Sepp Maier nach der Premiere kritisch: **»Im Tor bin ich ein besserer Schauspieler.«**

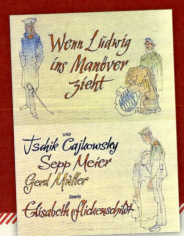

Schneevergnügen mit Frau Uschi, Tochter Nicole und Hund Harras 1976

Abseits der Bundesligabühne wird ein Transfer mit großer Tragweite geschlossen. Gerd Müller hat sich einen Namen gemacht und soll von 1860 München unter Vertrag genommen werden. Für 12:30 Uhr haben sich die Vertreter des Vereins bei seiner Mutter angesagt – doch es kommt anders als gedacht, wie Gerd Müller erzählt: »Als ich kam, waren gleich zwei Herren da, die ich in meiner jugendlichen Naivität für die beiden Herren von den Sechzigern hielt. Ich wunderte mich zwar anfangs, als sie sich als Herr Fembeck und Herr Sorg vorstellten, doch nach einer knappen Stunde waren wir klar: 5.000 Mark Handgeld und 500 Mark Monatsgehalt. Das war wie ein Lottogewinn für mich. Ich saß also da und dachte, ich hätte bei 1860 München unterschrieben. Die Herren verabschiedeten sich und wollten komischerweise durch die hintere Gartentür gehen. Da kam meine Mutter und sagte: ›Du, Gerd, da sind zwei Herren aus München gerade vorne zur Tür reingekommen, die wollen dich sprechen!‹« Doch da hatten die Herren des TSV 1860 München Pech. Der FC Bayern hatte den Müller Gerd bereits unter Vertrag genommen.

Karl-Heinz Rummenigge erzählt eine Anekdote aus den Hinterzimmern des großen FC Bayern: »Als Dr. Spannbauer noch unser Vereinsarzt war, lud er mal die ganze Truppe in sein Landhaus ein, das über sämtliche Schikanen verfügt: Kegelbahn, Schwimmbad etc. Dort hingen auch Boxhandschuhe herum, und Dettmar Cramer schlug mir vor, mal ein paar Runden mit ihm zu boxen. Während es für mich ein unheimlicher Jux war, geriet Cramer nach und nach in Rage und bedrängte mich. Da habe ich ihm auf einmal blitzschnell eins voll auf die Nase gegeben. Das war es dann auch! Er wollte nicht mehr. Die anderen Spieler haben sich köstlich amüsiert. Aufgestellt hat mich der Trainer trotzdem wieder.«

»Erich Ribbeck ist die Claudia Schiffer unter den Trainern.«

(Rudi Gutendorf)

»Der Paul Breitner musste sich damals in der Bundeswehr noch selbst mit einem Kasten Bier für die Spiele freikaufen!«

(Uli Hoeneß)

»Einer Schachfigur verspringt kein Ball, bloß weil sie schlecht geschlafen hat.«

(Felix Magath über Parallelen und Nicht-Parallelen von Schach und Fußball)

»Vor allem den vielen Südamerikanern ist doch mittlerweile völlig egal, was mit ihren Vereinen passiert. Die meisten von denen küssen mehr Vereinswappen auf dem Trikot als Frauen in ihrem Leben. **Ähnlich untreu ist nur die Liliana Matthäus**.«
(Mario Basler)

»Hoffentlich treffen wir so oft ins Netz wie Boris Becker.«
(Franz Beckenbauer)

»Schön, dieser Tag der offenen Tür. Da sehe ich Sachen, die ich sonst nicht sehe: **zum Beispiel den Strafraum**.«
(Manfred Schwabl)

»Wir haben drei erstklassige Stürmer plus Alexander Zickler!«
(Ottmar Hitzfeld)

Heißer Job: Alexander posiert für den Video-Clip

Starschnitt
Sepp Maier

»**Ich habe nie Angst** vor irgendwelchen Stürmern. Angst habe ich nur vor Idi Amin *(ehemaliger ugandischer Diktator)*.«

»Mir hat unser Koch, der Sauhund, immer was ins Essen getan, da hat sich unten nichts gerührt. Und wenn, dann hab ich auf Handbetrieb geschaltet.«
(Über menschliche Bedürfnisse im Trainingslager)

»Ja, außer den genannten Viecherln mag ich auch noch sehr die zweibeinigen Haserln, von Caroline bis Stefanie.«
(Der Pferdebesitzer und Hundefreund)

»Zuschaun tu i net, aber beim Duschn geh i mit …«
(über Frauenfußball)

»Eine Stunde vor dem Spiel noch mal Sex – das macht schön locker, **zack-zack**, da geht's viel besser.«

Hier setzte sich Sepp gern ins Bild
Ein Star, dem die Bretter die Welt bedeuten, und ein Star, dem der Rasen die Welt bedeutet: Schlagersängerin Manuela und Bayern-Keeper Sepp Maier trafen sich bei "adidas" in Herzogenaurach

»Ich habe seit meinem 15. Lebensjahr im Tor gestanden, mich öfter als eine **halbe Million Mal in den Dreck geworfen. Lässt das Rückschlüsse auf meinen Geisteszustand zu?**«

»**Was soll's? Die Leute war'n** zufrieden vom Stadion, nur mit mir nicht.«
(Zur 7:4-Niederlage der Bayern in Kaiserslautern 1973 nach 4:1-Führung)

»Für mich waren die Bayern die elegantere Mannschaft. Und ich war auch ein eleganter Mensch.«

»Wer die Lacher auf seiner Seite hat, muss sie noch lange nicht hinter sich haben.«

»Ich denke gern an meine Zeit als Fußballer zurück. **Damals – das ist immer das Paradies.**«

»Selbst Pál Csernai kann nicht verhindern, dass der FC Bayern München Deutscher Meister wird.«
(Über seinen Trainer)

Torwart Sepp Maier und Trainer Cajkovski mit einem Esel auf einem Bankett im Sommer 1967, dahinter in der Mitte steht Werner Olk.

»Zum Schluss haben wir im Training alle auf Herrn Csernai geschaut. Wenn er zu uns hersah, wurde eifrig gearbeitet. Wenn er wegschaute, wurde gefaulenzt.«
(Reinhold Mathy)

»Reklame machen für Klopapier? Bei so einem Hintern, wie ich ihn habe, könnte ich das unbedingt tun.«
(Paul Breitner)

»Wir sollten uns an die eigene Nase fassen – und diese Nase läuft etwas.«
(Karl-Heinz Rummenigge)

»Ja gut, es gibt nur **eine Möglichkeit: Sieg, Unentschieden oder Niederlage!**«
(Franz Beckenbauer)

»Ich durfte die Schuhe von Franz auftragen.«
(Uli Hoeneß über ein Highlight seiner aktiven Karriere)

Der Film »Profis« dürfte ein weiteres Highlight gewesen sein.

Trainer

»Guardiola ist für das Alpenvorland, was Obama 2008 für die westliche Welt war.«
(»spiegel.de«)

»Bei so kühlem Wetter bin ich noch nie Deutscher Meister geworden!«
(Jupp Heynckes im Frühjahr 2013)

»Auch Jupp hat Pep«
(Transparent beim Auswärtsspiel des FCB bei Hannover 96)

»Es hängt alles irgendwo zusammen. **Sie können sich am Hintern ein Haar ausreißen, dann tränt das Auge.**«
(Dettmar Cramer)

»Im Erfolg ist alles richtig, im Misserfolg alles falsch. Wenn die Mannschaft gegen den Abstieg kämpft und der Trainer im Kaschmir-Sakko erscheint, wird er betrachtet wie ein Heiratsschwindler.«
(Louis van Gaal)

Starschnitt
Paul Breitner

»Wer mir glaubt, ist selber schuld.«

»Ich mache mir nicht viel aus Westernfilmen. Ich lese lieber. Ich habe immer drei, vier Bücher dabei. Alles, was mir wichtig erscheint, natürlich auch Schriften von Lenin und Mao.«

Zu seinen Dauerfehden mit Journalisten: »Wenn mich einer in der Zeitung ›Zigeuner‹ genannt hat, habe ich in aller Öffentlichkeit ›Schreibtischmörder‹ zu ihm gesagt!«

»*Ich will kein Sklave des Fußballs sein.* Wenn der FC Bayern nicht spielt, möchte ich meine Ruhe haben.«

»Erst nach dem Training bin ich Mensch.«

»Für mich war es nebensächlich, im Spiel anderthalb Stunden zu rennen.«

»Nichts stimuliert mehr als Pfiffe.«

»Dem gehört eine Banane in die Hand und dann ab auf den Baum.«
(Max Merkel)

»Schau mal in den Spiegel, Breitner, dann weißt du Bescheid.«
(Wolf-Dieter Ahlenfelder zu Paul Breitner, der ihn mehrfach mit »du Affe« angesprochen hatte)

» Breitner war ein **durchschnittlicher Verteidiger**, ein **durchschnittlicher Mittelfeldspieler**, ein **durchschnittlicher Stürmer**, ein **durchschnittlicher Athlet**. Einzig und allein war er auf einem Gebiet **überdurchschnittlich: auf dem Gebiet der Selbstdarstellung.** «
(»Die Zeit«)

»Den Jorginho habe ich schon gekannt, da hat Breitner noch gemeint, das ist ein **Medizinmann aus dem Urwald**.«
(Jupp Heynckes zu den Vorwürfen von Breitner, der FC Bayern habe eine verfehlte Einkaufspolitik betrieben)

Sepp Maier, ein Blumen-Wunder-Mann? Das glaubt wenigstens ein weiblicher Trainingskiebitz. Nachdem der Torhüter unter einem Baum seine Notdurft verrichtet hat, schaut eine kleine Anhängerin des Bayern-Keepers genauer hin – und entdeckt zu ihrem Erstaunen viele blaue Blumen. Völlig verdutzt ruft das Mädchen ihre Tante herbei: »Guck nur, wo der Sepp eben Pipi gemacht hat, sind Vergissmeinnicht erblüht!«

Kaum ist Uli Hoeneß Manager bei den Bayern, sprießen die Ideen nur so aus dem Boden. Kalle Rummenigge verrät einen der Geheimpläne: »Es gibt ernsthafte Überlegungen bei unserer Klubführung, ob wir in Zukunft bei Auswärtsspielen nicht im bayerischen Trachten-Look anreisen. Das ist kein Witz! Ich fände so was unheimlich originell.«

»Mit den beiden Fingern habe ich meiner Frau angezeigt, dass sie aus dem fünften in den zweiten Stock zu uns runterkommen soll.«

(Thomas Helmer auf die Frage, warum er beide Arme mit ausgestrecktem Mittelfinger auf die Haupttribüne richtete)

»Dass mein Gegenspieler mich umgestoßen und am Torschuss gehindert hat, hab' ich ja noch wegstecken können, aber als er mich **obendrein noch einen ›Pardon‹ geheißen hat, habe ich die Nerven verloren und nachgetreten**.«

(Dietmar Hamann wegen einer Tätlichkeit vor dem Sportgericht)

»Ich hoffe, dass dieses Spiel **nicht mein einziges Debüt bleibt.**«

(Sebastian Deisler nach seinem ersten Länderspiel)

»Wenn die Münchner rufen, wir fahren nach Berlin, das ist was Tolles.«

(Angela Merkel)

Tymoschtschuk hat sich wahrscheinlich gerade auf der Leinwand im Stadion entdeckt …

»**Fünfjahrespläne sind schon in der UdSSR nicht aufgegangen.**«

(Karl-Heinz Rummenigge auf die Frage, warum der Klub nicht jetzt den 2004 auslaufenden Vertrag mit Trainer Ottmar Hitzfeld verlängere)

»Meine Unbekümmertheit wandelte sich in kontrollierte Spontaneität.«
(Mehmet Scholl)

»Wegen Gyula Lorant hätte ich beinahe aufgehört. Er hat mir mal erklärt, dass man einen **herausgesprungenen Meniskus** am besten **mit der Eckfahne wieder reinhaut.**«
(Dr. Müller-Wohlfarth)

»In den Neunzigern, als ich noch bei den Bayern war, haben wir Karten gespielt, sind ins Casino gegangen, haben auf Bundesliga- und Zweitligaspiele gewettet. National, international, in Einzel- und Kombinationswetten …«
(Lothar Matthäus)

»Rosenborg und Trondheim sind sehr starke Mannschaften.«
(Carsten Jancker auf die Frage, wer die schweren Gegner in der Champions-League-Gruppe seien)

»Mein Selbstvertrauen ist in Brasilien, aber es landet morgen in München.«
(Giovane Elber auf die Frage, wo das Selbstvertrauen der Bayern geblieben sei)

»In Deutschland bekommt ein Trainer schon den Titel ›**Fußball-Professor**‹ verliehen, wenn er **drei Sätze ohne grammatikalischen Fehler formulieren** kann.«
(Dettmar Cramer)

»Ich wurde an der Hose gehalten, hatte Angst, **nackt im Stadion zu stehen**. Deshalb versuchte ich mich loszureißen.«
(Stefan Effenberg erklärt eine Tätlichkeit.)

»**Auch wenn man ein großer Fußballer geworden ist, kann man immer noch ein freundlicher Mensch bleiben.**«
(Jean-Marie Pfaff)

»Wen ich in ein Spiel mitnehme, von dem verlange ich, dass er nach diesem Spiel mitgenommen aussieht.«
(Erich Ribbeck)

Starschnitt
Mehmet Scholl

»Pass auf, was du sagst. Ich lell dir gleich eine.«
(Spaß auf Kosten des ehemaligen Kollegen, der seine Freundin geschlagen haben soll)

»Man gilt als **graue Maus** – aber drei Tore machen **einen Tiger draus**!«
(Nach einer Klatsche gegen Wattenscheid)

»Wenn ich niese, hacke ich mir ins Knie.«
(Angesprochen auf seine markanten Zähne)

»Oliver Kahn wollte sich gerade ertränken. Da konnte ich ihn soeben noch von abhalten. Und der Rest der Mannschaft hat sich auf der Toilette eingeschlossen.«
(Auf die Frage nach der Stimmung in der Mannschaft des FC Bayern)

»25 Jahre alt und schon keine Ziele mehr.«
(Nach dem gewonnen EM-Finale 1996)

Mehmet Scholl mit seinem Hund Amadeus kurz nach seinem Wechsel vom KSC zum FCB.

»Da denk ich noch nicht dran. Die WM ist ja erst in 2 Jahren. Und dann bin ich ja auch schon 1 ½ Jahre älter.«
(Zu seinen Ambitionen für die WM 2006)

»Kameradschaft ist, wenn der Kamerad schafft.«

»Mein Sohn ist wegen dem Rennen hier, ich nur wegen den Boxenludern.«
(Auf die Frage, warum er beim Großen Preis in Hockenheim sei)

»Wie war noch die zweite Frage? Das ist nicht so einfach, ich bin schließlich Fußballer ...«
(Bei einer Pressekonferenz, nachdem ihm zwei Fragen auf einmal gestellt wurden)

Von Mehmet Scholl veröffentlichte CDs.

»Ich kann nicht sagen, dass ich es nicht gesagt habe, weil ich es gesagt habe.«

»Ich lege mich für Paul hundertmal in den Dreck, wenn es sein muss. Ich bin der arbeitende Teil, der Paul ist das fußballerische Genie. Er soll sich nicht in Zweikämpfen aufreiben müssen. Er soll seine Energie für seine langen Pässe, für seine Rolle als Spielmacher nutzen«, sagt Wolfgang Dremmler und macht sich ganz selbstlos klein. Doch dann liest Bayerns Mann fürs Grobe **»Die Kunst, ein Egoist zu sein«** und erzählt bald voller Selbstvertrauen: **»Wenn heute einer kommt und sagt, er sei Professor, dann würde ich antworten: Und ich, ich bin der Dremmler.«**

»Liebe machen und Tore schießen sind die schönsten Dinge, die Gott uns gegeben hat.«
(Luca Toni)

»Da ist schon einiges auf den Platz geflogen – unter anderem ein Snickers. Ich werde hier **viel Neues** erleben, was ich aus Gladbach so nicht kannte. **Auswärtssiege zum Beispiel.«**
(Marcell Jansen nach seinem Wechsel von Gladbach zum FC Bayern)

»Das wollen Aufsteiger sein, spielen wie Kinder in Sandgrube!«
(Tschik Cajkovski in der Halbzeitpause des Aufstiegsspiels 1965 mit den Bayern gegen Tennis Borussia Berlin)

»Wir fahren nicht mit der Illusion nach München, dass die Bayern mit 2,2 Promille auflaufen.«

(Dieter Versen vom VfL Bochum vor dem Spiel gegen die Bayern, nachdem sie zuvor den Europapokal gewonnen haben)

»Der springende Punkt ist der Ball.«

(Dettmar Cramer)

»Ich habe immer gesagt, dass ich niemals nach Österreich wechseln würde.«

*(Jürgen Wegmann auf die Frage, **ob er zum FC Basel wechselt**)*

»**Eins steht fest:** Die Natur mag noch so bedroht sein – Pechvögel sind zu keiner Zeit vom Aussterben bedroht.«

(Raimond Aumann)

»Da muss dann mal einer die Hand ins Heft nehmen.«

(Thomas Helmer)

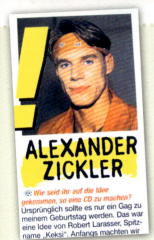

ALEXANDER ZICKLER

Wie seid ihr auf die Idee gekommen, so eine CD zu machen?
Ursprünglich sollte es nur ein Gag zu meinem Geburtstag werden. Das war eine Idee von Robert Larasser, Spitzname „Keksi". Anfangs machten wir

»Keksi und die falschen Freunde« bringen das Lied »Ohne Dich«, ein Cover der Band »Münchener Freiheit«, auf den Markt – eine Dancenummer mit dünnem Gesang und stampfenden Beats. Hinter der Gruppe mit dem komischen Namen stecken die Bayern-Profis Alexander Zickler, Christian Ziege und Didi Hamann sowie deren Musikerfreunde Robert »Keksi« Larasser und Markus »Rigo« Riegel. Der Song entsteht als Gag zum 22. Geburtstag von Alex Zickler – ohne Hoffnung auf die Charts, wie Zickler verrät: **»Wir wollen jetzt nicht unbedingt in die Top Ten kommen, um großartig Geld zu verdienen.«**

Christian Ziege überraschte seine Anrufer schon mal mit dieser charmanten Idee: **»Meine Freundin Bettina und ich sind am vierten August 1976 Zigaretten holen gegangen. Wenn wir noch nicht zurück sind, sprechen Sie auf unseren Anrufbeantworter!«**

Lieblingswitz von Lothar Matthäus: Maria Epple, die berühmte Skifahrerin, möchte mal bei einer Herrenabfahrt mitmachen. Verkleidet rast sie den Hang hinunter und stürzt 300 Meter vor dem Ziel. Als sie wieder zu sich kommt, drückt ein Pistenhelfer an ihrem Busen herum und sagt: »Keine Sorge, Kumpel, die beiden Beulen kriegen wir wieder weg.«

»Pässe der Marke Lothar Matthäus – da möchte man Ball sein.«
(Johannes B. Kerner)

»Seine Leistungen sind nur noch im Reden erstklassig. Manchmal glaube ich, er ist der Pressesprecher des FC Bayern.«
(Uli Hoeneß über Lothar Matthäus)

Dieses Lied haben die »Fantastischen 2« zu Matthäus´ Abschied herausgebracht (nach der Melodie von »Amadeus-Amadeus«).

Er ist ein Fußballidol in unserem Land
und schlägt den tödlichen Pass, was kein anderer kann
Er ist ein Kämpfer, ein Sieger, ein wahres Genie
Und jeden Gegenspieler zwingt er vor sich in die Knie

Er ist ein Mann von Welt, ein wahrer Held
Tut nur noch das, was ihm gefällt
Er ist ein Superstar, ein Sexsymbol
Und Frauen finden ihn super-super cool

Lothar Matthäus, Oh Matthäus ...

Er ist besessen, fanatisch, unser Held
Denkt auf dem Feld nicht ans Geld
Die Nummer 10 hat ihn geprägt
Und oft hat man an seinem Stuhl gesägt

Er hat Leidenschaft und Willenskraft
Und alle seine Gegner haben ihn nicht geschafft
Er war in Gladbach, in Mailand, im Bayernland
Jetzt geht es nach New York und wir sagen dank.

Lothar Matthäus, Oh Matthäus ...

»Vom Feeling her führt mein Weg nach München. Da spielen ja schon meine Botschafter.«

(Trainer Winfried Schäfer über seine nahe Zukunft)

Spielen darf er bei den Bayern nicht mehr, deshalb sagt Münchens Schatzmeister Kurt Hegerich: **»Thomas Berthold ist nach Bernhard Langer der bestbezahlte deutsche Golfprofi!«**

»Der Stürmer muss das Hecheln im Ohr haben. Das kann sehr unangenehm sein.«

(Jürgen Kohler)

»Bayern strahlte jahrelang viel aus vom fußballerischen Zug der Zeit. Nur sind wir momentan auf dem Abstellgleis.«

(Brian Laudrup im September 1991)

Italien kauft die Liga leer. Bayern-Trainer Jupp Heynckes versucht die Sache dennoch mit Humor zu nehmen: »Wir haben jetzt auch unserem Busfahrer Rudi Egerer und unserem Platzwart Berti Eichhorn Dreijahresverträge gegeben, damit die nicht auch noch italienische Klubs holen wollen.«

Busfahrer Rudi Egerer im Bayern-Bus, Mai 2000.

Uli Hoeneß hat einen Plan: »Ab 26. Januar eine Woche in den Süden, dann sind wir zu Beginn der Rückrunde zumindest die braunste Truppe.«

»Der Roland kann von mir aus vier Zentner wiegen, wenn er in jedem Spiel zwei Tore macht.«

(Udo Lattek über die Gewichtsprobleme seines Stürmers Wohlfarth)

Na dann, Prost! Roland Wohlfahrt und Hansi Pflügler feiern die Meisterschaft 1987.

»Wenn man beim 5 gegen 2 keine Freude mehr hat, dann muss man mit dem Fußballspielen aufhören, dann muss man sich einen anderen Beruf suchen.«

(Hermann Gerland)

Jupp Heynckes über seinen Vorgänger Udo Lattek:

»Müssen wir über den reden? Negatives möchte ich nicht sagen und Positives fällt mir nicht ein.«

»Ich verstehe mich mit dem Sepp prima. Wir haben immer zusammen in einem Zimmer geschlafen, wenn wir bei der Nationalelf waren. Ich habe von ihm viel gelernt. Von ihm habe ich auch die Liebe zum Schnupftabak übernommen. Er sagte mal zu mir: ›Wenn du ein Weltklasse-Torwart werden willst, musst du regelmäßig schnupfen.‹ Ich tue das bis heute!«

(Norbert Nigbur)

Karl-Heinz Rummenigge

»Nachdem mich die Leute schon seit Jahren auf den Punkt festnageln, habe ich kürzlich meine Mutter danach gefragt. Sie meint, es könne daher kommen, weil sie mir **als Kind immer den ›Rotbäckchen‹-Saft zu trinken gegeben hat**. Aber Spaß beiseite: das ist eben Veranlagung.«

(Rummenigge über seine roten Wangen)

»Schreiben ist eigentlich einfach, die Schwierigkeit besteht lediglich im Formulieren.«

(Paul Breitner)

»Ich habe heute nicht gesehen, dass ein Spieler, der **110 Millionen Mark mehr kostet**, viel mehr leistet als einer, den wir aus Kanada geholt haben.«

(Uli Hoeneß zum Vergleich zwischen Luis Figo und Owen Hargreaves)

»Ich habe mal einen Stammbaum machen lassen: Die Wurzeln der Beckenbauers liegen in Franken. Das waren lustige Familien, alles uneheliche Kinder. Wir sind dabei geblieben.«

(Franz Beckenbauer)

Franz Beckenbauer und seine Frau Brigitte mit den gemeinsamen Söhnen Stefan (l.) und Michael (r.) auf der heimischen Couch. Thomas, aus einer früheren Beziehung, steht dahinter.

Starschnitt
Uli Hoeneß

»Wer beim FC Bayern war und sich seriös verhalten hat, hat auf Lebenszeit eine Card blanche der Hilfe.«
(Bayern-Vorstand Karl-Heinz Rummenigge über die Hilfsbereitschaft von Hoeneß)

Eine der ersten Amtshandlungen des Jungmanagers ist im Frühjahr 1980 eine höchst kuriose. Beim Spiel auf dem Betzenberg fällt Hoeneß etwas auf: »Die Lauterer spielten mit Bällen, die hatten einen Zug zum Tor, das war nicht mehr normal! Schon ein paarmal zuvor sah ich im Fernsehen, wie die es bei ihren Heimspielen dauernd mit Fernschüssen versuchten, herrlich den Ball trafen und eine Menge Tore auf diese Art machten.« Hoeneß lässt sich vom Lauterer Zeugwart einen dieser Wunderbälle zeigen: »Ich hielt einen von unseren Bällen daneben, die gleiche Marke, und sah, dass deren Ball einen etwas größeren Umfang aufwies als unserer, damit auch mehr Trefferfläche.« Hoeneß erwirbt sofort einige Bälle und siehe da, die Münchner holen im Olympiastadion fortan einen Kantersieg nach dem nächsten. Hoeneß: »Der tolle Ball gab den Spielern Selbstvertrauen. Zuspiele, die sie früher erst abstoppten und unter Kontrolle brachten, nahmen sie jetzt volley aus der Luft und trafen.«

Zum Krach mit Klinsmann – mit dem man wie üblich eigentlich Stillschweigen vereinbart hatte – kommt es nach einem TV-Auftritt des ehemaligen Bayern-Trainers in Günther Jauchs Sendung »stern TV«. Hoeneß: »Ich habe in Latein gelernt: Si tacuisses, philosophus mansisses – das bedeutet: Wenn du geschwiegen hättest, wärst du ein Philosoph geblieben.« Und auch auf Jauch ist der Manager sauer: »Der hat dem Jürgen eine Plattform gegeben, Dinge zu erzählen, die nicht stimmen, ohne kritische Fragen zu stellen.« Über des TV-Moderators Ankündigung von Jürgen Klinsmann als »Barack Obama des deutschen Fußballs« kann Hoeneß hingegen nur lachen:

»**Wenn Jürgen der Obama des deutschen Fußballs ist, dann bin ich Mutter Teresa.**«

»Aber wenn man Kaiser ist, redet man ja in einer Sphäre, die wir hier unten manchmal gar nicht verstehen.«
(Über Franz Beckenbauer)

»Der Weihnachtsmann war noch nie der Osterhase.«
(Zum Wert der Herbstmeisterschaft)

»Als das **Gummiband-Training** im Fernsehen kam, habe ich mich gefragt, ob wir den **1. April** haben.«

(Hermann Gerland zu den Trainingsmethoden von Jürgen Klinsmann)

»Der Junge hat Gras gefressen und Ehrgeiz bekommen. Vor einiger Zeit noch war er ein Niemand, einer, zu dem sie höchstens sagten: **Geh mal rüber in die Turnhalle und räum dort ein bisschen auf!**«

(Assistenztrainer Coordes über Torwart Raimond Aumann)

»Mich stört es nicht, wenn einige Kollegen neidisch sind. Bei solchen Tönen schlafe ich auf beiden Ohren.«

(Jean-Marie Pfaff)

»Auch wenn die Mannschaft 14:0 vorne liegt, der Lothar kann sie immer noch verstärken.«

(Bayern-Vizepräsident Franz Beckenbauer schwärmt von Matthäus.)

Lothar Matthäus bekommt von Konditor Bodo Müller zum 34. Geburtstag eine Torte mit Figuren von Lolita Morena, Loris, Berti Vogts und Franz Beckenbauer.

Starschnitt
Philipp Lahm

»Während eines Spiels die Position von der einen auf die andere Seite zu verändern, ist etwa so anspruchsvoll, wie mit einem linksgesteuerten Auto im dichten Berufsverkehr von London ausgesetzt zu werden.«

»Es muss zwei Beckenbauer geben, **»Elf Freunde? Eine Mannschaft besteht aus zwei Dutzend Konkurrenten.«** einen, der in der Zeitung schreibt, und den Präsidenten des FC Bayern. **Der Präsident ist zufrieden mit mir.«**

Philipp Lahm respektiert wohlerzogen die Anweisungen des Gastgebers FC St. Pauli und hat seine Lederhosen zu Hause gelassen.

Starschnitt
Giovanni Trapattoni

»Ich glaube, Trainer sind wie Fisch. Wenn sie frisch sind, sind sie gut, aber nach einer Weile fangen sie an zu stinken.«

»Wer Mozart hört, kann auch besser Fußball spielen. Man lernt viel über Spannungen, Tempo, Rhythmus, den Aufbau und die Strukturen. Man lernt die Logik, ein Spiel zu lesen.«

»Der Ball ist nicht immer rund – manchmal befindet sich in ihm ein Hase.«

»Ich glaube, ich habe heute zwei Spiele gesehen. Eines in der ersten Hälfte, das andere in der zweiten.«

»Es gibt nur einen Ball. Wenn der Gegner ihn hat, muss man sich fragen: **Warum!? Ja, warum? Und was muss man tun? Ihn sich wiederholen!**«

»Fußball ist Ding, Dang, Dong. Es gibt nicht nur Ding.«

»Ein Trainer ist nicht ein Idiot.«

»Ich habe fertig.«

Starschnitt
Erich Ribbeck

»Ich stelle die Mannschaft auf, nicht die Presse. Wenigstens das darf ich.«
(Kurz vor seiner Entlassung 1993)

»Die Breite in der Spitze verdrängt die Skepsis keineswegs.«

»Wenn man mit über 50 Jahren morgens aufwacht und nichts wehtut, dann ist man tot.«

»Es gibt Trainer, die machen **alles richtig** und haben **nie Erfolg**. Und dann gibt es Trainer, die machen **alles falsch** und werden **zweimal Deutscher Meister**.«

»Wo ich bin, klappt nichts – aber ich kann nicht überall sein.«

»Die Herbstmeisterschaft nehme ich als wichtiges Zwischenergebnis. Wie sagt der Dichter: ›**Nichts halb zu tun, ist edler Geister Art!**‹«

Einer der verrücktesten Spieler der Bundesliga ist Sepp Maier. Im Winter baut er auf dem Platz Iglus, und im Frühling pflanzt er in seinem Kasten Osterglocken an, versehen mit einem kleinen Hinweisschild: »Bitte nicht knicken!« Sein liebstes Hobby ist das Zaubern, und so hat Sepp Maier in seinem Auto im Kofferraum immer seine kompletten Magierutensilien griffbereit liegen. Sepp Maier ist eben ein Spaßvogel: Am 12. Dezember 1970 spielen die Bayern bei Hessen Kassel und logieren im vornehmen **»Hotel Reiss«**. Die attraktive Empfangsdame nimmt einen Anruf entgegen: **»Nein, haben wir leider nicht ... was?«** Erregt legt sie den Hörer auf die Gabel. Dann ruft sie den Portier und die Boys zu sich: **»Wisst ihr, was eben los war?«**, fragt sie immer noch empört. Portier und Boys treten näher. Die Dame entrüstet sich: **»Da rief doch der Sepp Maier an und beschwere sich, dass er kein Radio habe. Wir seien doch schließlich ein erstes Hotel, sagt er. ›Schicken Sie mir ein Radio rauf‹,** ver-

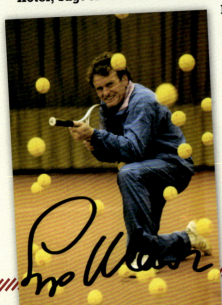

langte er. Und als ich ihm sagte, wir hätten kein Radio da ...« Die Empfangsdame, Sekunden vorher noch ärgerlich, muss plötzlich laut lachen. **»Da sagte Sepp Maier: ›Dann schicken Sie mir halt jemanden rauf, der mir was vorsingt!‹«**

Einer der Beweggründe für Jupp Heynckes, von Gladbach nach München zum FC Bayern zu wechseln, ist etwas kurios: Er hat Schmacht! Heynckes: **»Nach jedem Titelgewinn habe ich mir eine Zigarette genehmigt. Da hat mir unser Präsident Dr. Beyer stets das Feuer gereicht. Ich hoffe, dass ich in München öfter die Gelegenheit habe, mir eine Zigarette anzustecken. Seit acht Jahren bin ich jetzt schon Abstinenzler.«**

In München herrscht Torwart-Krieg.

Platzhirsch Jean-Marie Pfaff wehrt sich gegen den jungen Widersacher Raimond Aumann – und zwar mit allen Mitteln. Nachdem Aumann gesagt haben soll: »Wirst alt, Jean-Marie!«, hat der Belgier ihn angeblich geschlagen. Angeblich deshalb, weil Pfaff, angesprochen auf den Vorwurf, gut zu kontern weiß: »Wenn ich schon hinlange, dann landet der andere im Krankenhaus!«

Bixente Lizarazu erklärt: **»Jetzt habe ich die ›69‹, weil ich 1969 geboren bin, 1,69 Meter groß bin und 69 Kilo schwer. Okay, ich war mal 69 Kilo schwer. Um ehrlich zu sein: Das ist schon ein paar Jährchen her.«**

Ottmar Hitzfeld mit Lizarazu im Mai 2004

Franz Beckenbauer: »Dettmar Cramer hielt uns in der Mannschaftssitzung regelrechte Univorträge. Sepp Maier schnarchte meistens nach zehn Minuten ein. Gerd Müller raunte immer nur: ›**Was erzählt der? Die Blinden, die schlagen wir 4:0.**‹« Von »Blinden« sprach Gerd Müller übrigens laut Franz Beckenbauer auch bei einem Gegner wie Real Madrid.

»Nichtabstiegsprämie. Alleine bei dem Wort bekomme ich eine Gänsehaut.«
(Raimond Aumann)

»Muss ich das jetzt als Frage verstehen oder die Antwort so beantworten, wie Sie sie in Ihre Frage reingelegt haben? Sie haben Ihre Frage so gestellt, dass ich das Gefühl haben muss, als wenn ich das, was Sie gerade gesagt haben, vorher schon gesagt hätte. Das habe ich aber nicht gesagt. Dem, was ich gesagt habe, möchte ich nichts hinzufügen.«
(Erich Ribbeck)

»Ich werde **nie Golf spielen**. Erstens ist das für mich **kein Sport**, und zweitens habe ich noch **regelmäßig Sex**.«
(Mehmet Scholl)

»Ich nenne ihn oft den ›**Killer mit dem Engelsgesicht**‹, weil er mir im Strafraum noch zu brav und zu wenig clever ist. Man hört und sieht ihn fast nie, nur dann, wenn er Tore macht.«
(Udo Lattek über Roland Wohlfarth)

»**Zwölf meiner zehn Tore** habe ich im Vorjahr aus der Linksaußenposition geschossen.«
(Karl-Heinz Rummenigge)

»Mit Beckenbauer ist es wie mit Marlene Dietrich. Die Mitspieler haben **zu großen Respekt vor vergangenem Ruhm**.«
(Otto Rehhagel)

»So sicher wie beim FC Bayern ist die Rente nirgends.«
(Werner Hansch)

»Das Einzige, was flutscht bei den Bayern, ist die Weißwurstproduktion in der Fleischfabrik von Uli Hoeneß.«
(Manfred Breuckmann)

»Im Februar ist Karneval, im April Ostern, im Mai holt sich der FC Bayern die Meisterschale ab.«
(Oliver Welke)

Beckenbauer und Breitner an Karneval 1973

»Der FC Bayern ist ein Verein von internationaler Weltbedeutung.«
(Waldemar Hartmann)

»Wenn du bei Bayern einen **Fünfjahresvertrag** unterschreibst, wirst du **automatisch dreimal Meister**.«
(Rudi Völler)

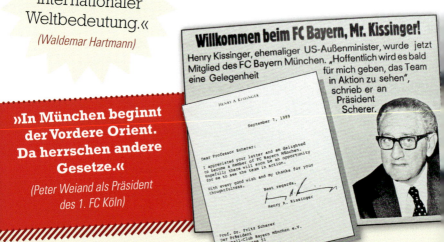

»In München beginnt der Vordere Orient. Da herrschen andere Gesetze.«
(Peter Weiand als Präsident des 1. FC Köln)

»Die Bayern können aus Scheiße Gold machen.«

(Dirk Lottner zu dem Phänomen, dass der FC Bayern 60 Minuten lang schlecht spielte und am Ende doch noch 3:0 gewann)

»Solange dort geredet wird, können sie nicht trainieren.«
(Klaus Allofs zu den Verbalattacken von Verfolger Bayern München)

»Viele Klubs sind nach München gefahren, haben das **Dach des Olympiastadions** gesehen und schon zwei drin gehabt.«
(Klaus Augenthaler)

»Wenn ich mich bei Bayern geäußert habe, bin ich schnell zum Fernseher, und bevor ich den Satz zu Ende gesagt habe, konnte ich schon im Laufband lesen, was der Bayern-Trainer gesagt hat.«
(Felix Magath)

»Die Bayern, das ist eine Batterie mit drei Geschützen, und eines feuert immer.«

(Gerhard Mayer-Vorfelder zur Kritik an ihm)

Starschnitt
Jean-Marie Pfaff

Der Keeper des FC Bayern München, Jean-Marie Pfaff, spielt im Kinofilm »Zärtliche Chaoten« an der Seite von Thomas Gottschalk, Helmut Fischer und Pierre Brice. Seine Rolle: Er soll Koffer voller Dynamit und Teller, die aus dem Fenster fliegen, fangen. Bei seinem Abschied aus Belgien hat es Pfaff auch schon als Sänger versucht. Mit der Schallplatte »**Denk je vaak aan mij**« wollte sich der Bayern-Keeper bei seinen belgischen Fans für immer im Gedächtnis festsetzen. Das probiert er einige Jahre später dann auch in München. Mit

dem Gassenhauer »**Jetzt bin ich Bayer**« erstürmt Pfaff die Herzen seiner rot-weißen Anhänger und die blau-weißen Festzelte: »**Ich war ein Belgier und jetzt bin ich ein Bayer. Ich trinke Bier und esse Leberkäs mit Eier. Und jeden Samstag steh ich froh in meinem Tor, und kein Stürmer macht dem Jean-Marie was vor.**«

»Der soll ruhig sein, Bälle fangen und sich schön die Haare föhnen, damit er immer schön lächeln kann.«
(Toni Schumacher über Pfaff)

»Man bekommt immer mehr den Eindruck, **Louis van Gaal** hat seine **Trainerausbildung an der Uni Bayreuth** absolviert.«

(Stefan Raab nach einer 1:3-Niederlage der Bayern gegen den BVB in Anspielung auf die Plagiatsaffäre um Karl-Theodor zu Guttenberg)

»Ein Hund der Familie Tarnat.«

(Michael Tarnat auf die Frage, was er im nächsten Leben gern wäre)

»Wir lassen uns nicht nervös machen, und das geben wir auch nicht zu.«

(Olaf Thon)

»Wenn der Uli als Manager Scheiße baut, geh ich rauf und schnauz ihn an. Dann bekommt er einen über die Hörner!«

(Paul Breitner über den Manager Hoeneß)

»Dem Reinhold Mathy sollten die Ärzte vielleicht besser einen Reißverschluss einnähen. Dann haben sie ihn beim nächsten Mal schneller auf.«

(Uli Hoeneß kurz vor einer der zig Operationen des Jungspunds der Bayern.

Mathy mit Gipsbein im November 1985

Starschnitt
Lothar Matthäus

Lothar Matthäus ist ein Bälle-Narr, wie sein Entdecker Nowak so schön sagt:
»Wenn in Herzogenaurach ein Ball aufgepumpt wurde, war der Lothar schon in der Nähe.«

Noch vor der Hochzeit trennt sich Matthäus von seiner Verlobten Silvia. In der »Bild« steht: **»Jungstar Matthäus warf Verlobte raus!«** Und was sagt der junge Mann? Kein Kommentar? Nein, Matthäus gibt genauestens Auskunft über sein Seelenleben: »Früher habe ich sehr oft gemacht, was die Silvia wollte. Aber ich bin älter geworden und habe mich entwickelt. Dann hat es eben nicht mehr geklappt.« Er lernt Rosi aus Augsburg kennen. Jedoch: »Aber wenn die Silvia, mit der ich ja über 15 Monate zusammen war, ein Problem hat, dann helfe ich ihr selbstverständlich.« **Zwei Monate später rief er reumütig bei Silvia an und heiratete sie später doch noch.**

Lothar und Silvia bekommen bei ihrer Hochzeit sogar ein Glücksschwein überreicht.

»**Komm, Schatz** – und jetzt einen **Zungenkuss** für die Herren von der Presse.«

(Zu seiner Freundin)

»Franz ist für mich Lichtgestalt, Freund und Gottvater.«

(Lothar Matthäus)

»Wenn ich mit allen Leuten, mit denen ich schon Ärger hatte, nicht mehr sprechen würde oder zusammenarbeiten könnte, stünde ich des Öfteren alleine auf dem Platz.«

»**Ein Lothar Matthäus** hat es nicht nötig, von sich in der dritten Person zu sprechen.«

(Auf die Frage bei einer Pressekonferenz, warum er öfter von sich in der dritten Person spreche)

»I look not back, I look in front.«

»Das Chancenplus war ausgeglichen.«

»Ich hab gleich gemerkt, das ist ein **Druckschmerz**, wenn man draufdrückt.«

127

»Unsere Spieler sind abends etwas müder und gehen nicht mehr gerne ins P1.«

(Uli Hoeneß zur Trainingsintensität unter Coach Felix Magath)

Bevor Felix Magath Trainer war, ging Oliver Kahn noch mit seiner damaligen Freundin Verena ins P1.

»Wir brauchen das Geld.«

(Ottmar Hitzfeld auf die Frage, warum Bayern München die Talente Alexander Bugera und Berkant Göktan vorläufig abgegeben habe)

»Ich traue mir auch zu, **Vorwärts Honolulu** erfolgreich zu trainieren.«

(Jupp Heynckes)

»Was mich in den letzten Tagen am meisten beschäftigt hat, ist meine Frisur. Und die ist Scheiße.«

(Mehmet Scholl)

»Wir brennen darauf, nach Hamburg zu fahren. Das ganze Stadion wird gegen uns sein. Ganz Deutschland wird gegen uns sein. Etwas Schöneres gibt es gar nicht.«

(Olli Kahn)

FRÜHER SPITZENSPIEL, JETZT ÜBUNGSEINHEIT

Heute trainiert Bayern gegen Schalke

Bundesliga im Live-Ticker ab 15.30 Uhr auf BILD.de

»Beim Ottmar Hitzfeld ist das ja nicht so wie beim George Bush, **wo alle froh sind, wenn der endlich weg ist.**«
(Uli Hoeneß)

»Das ist der Unterschied zwischen einem Pianisten und einem Möbelpacker, der immer auf seine Füße schauen muss.«
(Jean-Michel Larque als Co-Kommentator im französischen Fernsehen über den eleganten Michael Ballack)

»Im Fußball gibt es längst **keine Geheimnisse** mehr: Heute kann der Trainer dem Verteidiger sagen, **welches Rasierwasser der gegnerische Stürmer verwendet**.« (Otto Rehhagel)

»**Ich föhne mich nicht, wenn ich auf den Platz gehe. Ich föhne mich überhaupt nicht. Meine Haare sind einfach so.**«
(Ribbeck, der sich gegen Medienberichte wehrt, in denen er als frisch geföhnt beschrieben wird)

Starschnitt
Roy Makaay

Auf dem Weg zum größten Titel,

ist das Triple nah wie nie.

ist das Triple nah wie nie.

»Vor dem Strafstoß zum dritten Streich des Roy Makaay durchströmte ein erwartungsfrohes Raunen das Münchner Olympiastadion, als hätte Sir Simon Rattle das Podium betreten, den Dirigentenstab gehoben und seine Berliner Philharmoniker auf ein großes Konzert eingestimmt.«
(»Frankfurter Allgemeine Zeitung«)

»**Die Nummer 9 ist immer etwas ganz Besonderes.** Das sind die spektakulären Spieler, die auch die Zuschauer ins Stadion ziehen.«
(Uli Hoeneß bei der Präsentation von Roy Makaay, der die **Nummer 10** trägt)

»Was ich gerne von Roy Makaay hätte? Sein Alter.«
(Martin Max)

»Gelegentlich scheint es, als sei **Roy Makaay ein Schlafwandler,** der nächtens aus dem Bett gefallen und auf einen Fußballplatz gestolpert ist.«
(»Süddeutsche Zeitung«)

»Ich würde ihn sogar frühmorgens um fünf Uhr vom Flughafen abholen, wenn er kommt.«
(Giovane Elber über den möglichen Neuzugang)

»Ich war die ersten drei Wochen nicht da. **Ich glaube, das war auch besser so.«**
(Roy Makaay auf die Frage, wie hart das Training unter dem neuen Trainer Felix Magath gewesen sei)

»**Demichelis** – im Vergleich zu Makaay **die Aldi-Variante.«**
(Bernd Schmelzer über die beiden Neuzugänge von Bayern München)

Roy Makaay und Ehefrau Joyce anlässlich des Banketts zum Pokalsieg 2005/06

»Die Bayern sind auch nur Menschen.«
(Friedhelm Funkel)

»Das Beste in München ist immer das Mittagessen.«
(Gerhard Mayer-Vorfelder nach einer Niederlage bei den Bayern)

»Ich genieße mein Privatleben eher privat.« (Lothar Matthäus)

»Die Bayern zu jagen, ist wie **Salat in der Wüste** pflanzen.«
(Christoph Daum)

»Im Hemd des Rekordmeisters hat man gleich eine breitere Brust. In einem anderen Trikot fühlt man sich vielleicht etwas schmaler.«
(Stefan Effenberg)

»Bayern München hat in Deutschland **10,8 Millionen echte Hardcore-Fans.**«
(Karl-Heinz Rummenigge)

> »Bei denen ist sogar die **Putzfrau schon zehnmal Meister geworden**.«
>
> (Christoph Daum)

> »Wenn Franz Beckenbauer heute sagt: ›Morgen ist Freitag‹, dann ist in Deutschland morgen Freitag.«
>
> (Meinolf Sprink)

> »Der Jürgen ist ein Weltmann. Er war ja immer ein Gegenpool zu mir.«
>
> (Lothar Matthäus über Jürgen Klinsmann)

> »Auch wenn es unmöglich ist, ist es noch möglich.«
>
> (Stefan Effenberg zu den gesunkenen Meisterschaftschancen)

> »Keiner verliert ungern.«
>
> (Michael Ballack)

Der KSV Hessen Kassel zeigte am 30. Januar 1955 vollen Einsatz gegen den Winter. Mitarbeiter des Klubs gingen mit Flammenwerfern auf die Eisdecke los, die das Spielfeld bedeckte. Das Kellerduell des Letzten der Oberliga Süd gegen den Vorletzten (die Bayern) sollte unbedingt stattfinden. Doch ob der Platz anschließend besser bespielbar war, ist fraglich. Der FC Bayern gewann auf dem schlammigen Untergrund jedenfalls 2:1. Am Saisonende stiegen übrigens beide Vereine ab.

Starschnitt
Ottmar Hitzfeld

»Ich habe gehört, dass Ottmar Hitzfeld gesagt hat, ich würde ihn im Biertrinken schlagen. Dessen bin ich mir sicher.«
(Udo Lattek)

Der FC Bayern in Lederhosen auf dem Oktoberfest: hinten v.l.: Ali Daei, Stefan Effenberg, Jens Jeremies, vorne v.l.: Ottmar Hitzfeld, Hasan Salihamidzic und Co-Trainer Michael Henke

»Lieber Ottmar Hitzfeld! Keine Angst vor dem Trainerjob beim FC Bayern. Die drei Monate gehen auch vorbei!«
(Kabarettist Ottfried Fischer)

»Wenn man sich in Oberammergau einen Trainer schnitzen lassen müsste, es käme Ottmar Hitzfeld heraus.«
(Karl-Heinz Rummenigge)

»Ich habe mit dem Rücken ein bisschen Probleme, wenn der Uli mir bei den Toren immer um den Hals fällt.«

»**Ein Sieg** der Mannschaft macht auch aus mir einen **glücklichen, besseren Menschen**.«

»Der Erfolg ist nicht alles, aber ohne Erfolg ist alles nichts.«

»Das ist doch bloß wieder eine dieser Gruppen, die damit versucht, bekannt zu werden.«
(Über den Song »Bayern« der »Toten Hosen«)

»Es spielen nicht immer die elf Besten, sondern die beste Elf.«

»**Das war ein Gefühl wie in der Hochzeitsnacht.**«
(Nach einem Sieg in letzter Sekunde)

»Von einem Profi verlange ich, dass er sich stark fühlt. Sonst soll er sich ins Bett legen und von Omi pflegen lassen.«

»Wenn ich bei Bayern fertig bin, muss ich vielleicht für **ein Jahr ins Sanatorium**.«

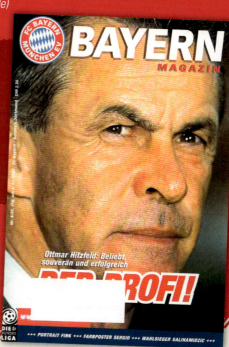

»Wir wollen den **Stadionbesuch für die Frauen attraktiver machen, durch Koch- und Kosmetikkurse im Stadion etwa, während die Männer dem Spiel zusehen.** Und man plant ›Tage der Volkstruppen‹ – Folklore-Veranstaltungen mit Sirtaki, Paso doble und Essen und Getränken des jeweiligen Landes.«

(Uli Hoeneß im Jahr 1980)

»Mein Lieblingsverein ist Bayern München. Sogar meine Bettwäsche trägt die Farben der Bayern.«
(Olaf Thon)

»Der Uli ist der J.R. der Bundesliga.«
(Dieter Hoeneß über seinen Bruder)

»Zu meiner Zeit wäre der **entweder nach zwei Wochen geheilt** gewesen oder in der **Versenkung verschwunden**.«
(Franz Beckenbauer über den großmäuligen Stefan Effenberg)

LOTHAR MATTHÄUS

»Wenn man den Biergarten hinzuzählt, hatten wir nach Madrid gerade anderthalb Trainingseinheiten.«
(Lothar Matthäus)

Bayern-Stürmer Roland Wohlfarth ist kein ganz einfacher Typ. Damit es bei ihm läuft, braucht es auch schon mal die Brachialmethode von Trainer Udo Lattek, der den zaghaften Torjäger eines Tages fragte: **»Was machst du, wenn einer in dein Haus kommt, dir das Bier wegtrinkt, die Wurst wegisst und dir die Frau wegnimmt?«** Wohlfarth antwortete: **»Dem hau ich eine in die Schnauze, Trainer!«** Lattek zufrieden: **»Dann wehr dich gefälligst auch auf dem Fußballplatz!«**

Der FC Bayern bei einem Fotoshooting im Retrolook im Mai 1990, v.l.: Klaus Augenthaler, Roland Wohlfarth, Co-Trainer Egon Coordes und Trainer Jupp Heynckes

»Jetzt haben's beim FC Bayern, wo der Mozart und der Beethoven in einer Band stehen, endlich auch einen passenden Bediener, der nur die Noten umzublättern braucht.«

(Max Merkel sieht die Wahl des neuen Bayern-Trainers, Udo Lattek, eher von der humorvollen Seite.)

»Obwohl bei mir sogar Mineralwasser Kalorien bekommt, bin ich überzeugt, dass Bayern nie einen findet, der mehr Tore schießt als ich.«

(Roland Wohlfahrt)

> »**Meine Sprache sollen Tore sein**. Ich bin hungrig auf Tore. Ich könnte jeden Tag spielen. Sieben Tage hat die Woche. Ich könnte jeden Tag spielen!«
>
> *(Jürgen Wegmann)*

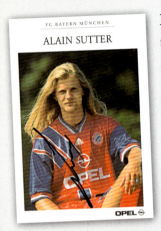

In München ist ein **Kampf zwischen Schulmedizin (Uli Hoeneß) und alternativen Heilmethoden (Alain Sutter)** entbrannt. Der Schweizer Profi hat seit der WM 1994 durch einen »verschleppten Salmonellenbefall« (Sutter) **neun Kilo verloren**. Er versucht jedoch, die Krankheit, anders als vom FC Bayern gewünscht, nicht von einem Arzt mit einem Antibiotikum kurieren zu lassen, sondern von einem Homöopathen auf alternative Weise. Hoeneß schimpft: **»Wir haben die Marotten lange genug erduldet!«** Er setzt ein Ultimatum und rät: **»Der Sutter soll Schweinsbraten mit Knödeln essen und nicht das Körnerfutter.«** Sutter: »Wie man aussieht, wenn man zu viel Schweinebraten isst, sieht man ja an Herrn Hoeneß.«

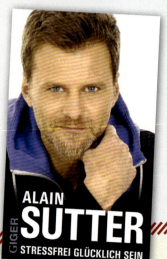

»**Für mich persönlich gibt es mit Paul Breitner in Zukunft nur noch einen möglichen Berührungspunkt: ich als Arzt und er als Notfall.**«

(Jupp Kapellmann über seinen Intimfeind)

»**Lothar Matthäus hat ein eigenes Kapitel. Die erste Seite habe ich weiß gelassen, weil eigentlich jedes Wort über ihn zu viel ist.**«

(Stefan Effenberg über sein Buch)

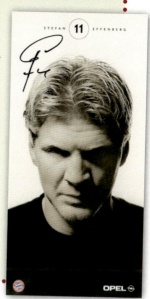

»Der wird irgendwann mal so weit sein, dass er eine Kuh aus 100 Metern Entfernung erschießt.«

(Sepp Maier über Klaus Augenthaler)

»Wenn der Oli Kahn aufs Feld läuft, ruft Ottmar Hitzfeld am Rand: **›Der tut nix, der will nur spielen.‹**«

(Harald Schmidt)

»**Der Schuh weiß am besten, wo ihn der Fuß drückt.**«

(Lothar Matthäus)

Starschnitt Mehmet Scholl

»Prinzessin Fergie möchte an einem Kamelrennen teilnehmen. Nicht entschieden ist, wer sie reitet. Das ist Harald Schmidt, das sind Meilensteine guten Humors.«
(Über Harald Schmidt)

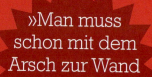

»Man muss schon mit dem Arsch zur Wand schlafen …«
(Über Trainingslager)

»Wir werden was trinken und dann heulen wir alle. Dann tauschen wir die Frauen und dann gehts weiter …«
(Nach seinem Abschiedsspiel gegen Mainz)

»Meine Besonderheit ist, dass ich das Gleiche wie alle anderen Männer auch tue mit Frauen, **nur 20 Minuten kürzer**.«

»Meine Frau und ich, wir sind jetzt seit zwei Jahren verheiratet und bei uns läuft alles gut.«
(Ausweichend auf die Frage, wann ihm Rehhagel denn mitgeteilt habe, dass er wieder nur Ersatzspieler sein werde)

> »Ich sehe mich eher als Spieler in einer Position, die es gar nicht gibt.«

> »Das ist wie ein Auto, das sechs Monate in der Garage gestanden hat und dann direkt auf die Autobahn fährt.«
> *(Zu seiner körperlichen Verfassung nach dem Comeback)*

> »Ich hab dem Oliver in der Kabine gesagt: ›Du hältst ja alles, Fußbälle, Golfbälle …‹
> *(Nach der Golfball-Attacke gegen den Torwart in Freiburg)*

> »Eng.«
> *(Auf die Frage, wie es war, als Bundeskanzler Kohl nach dem EM-Sieg 1996 in die Kabine kam)*

> »Hängt die Grünen, solange es noch Bäume gibt!«
> Reaktion eines Grünen-Abgeordneten:
> »Zieht dem Scholl die Vorderzähne, solange es noch Nagetiere gibt!«

Scholl am 23. Mai 2001 nach dem Gewinn der Champions League

„Kraft in den Teller – KNORR auf den Tisch."

»Wenn **Beckenbauer fit** ist, dann ist auch die **Mannschaft fit!**«
(Udo Lattek)

»Meine größte Schwäche ist meine Unfähigkeit, Nein zu sagen. Meine Frau hat es mal so erklärt: ›**Dettmar, wenn du ein weibliches Wesen wärst, dann wärst du schon längst keine Dame mehr!**‹«
(Dettmar Cramer)

Franz Beckenbauer sagt nach einer weiteren Enttäuschung mit feinem Humor: »**Heute hätte ich einen Zauberstab gebraucht, um jemanden anspielen zu können. Wir müssen künftig beantragen, dass wir mit zwölf Mann spielen dürfen, damit einer immer frei ist.**«

Bayerns Neu-Präsident Willi O. Hoffmann gibt die Losung aus:

»**Ich möchte unseren Verein zum Real Madrid der neunziger Jahre machen. Mit einer fröhlichen Mannschaft zurück in die europäische Fußballelite!**«

Matthäus 1985 mit seinem neuen 6er-BMW

»Die Punkte braucht der FC Bayern, nicht ich in Flensburg.«

(Lothar Matthäus vor dem Münchner Amtsgericht wegen eines Verkehrsdeliktes)

»Die Angst, dass er dann vielleicht die Meisterschale mal an Hamburg, Schalke oder wen auch immer hätte übergeben müssen, die kann ich ihm nehmen: **Das wäre hundertprozentig nicht passiert.**«

(Christian Nerlinger über Uli Hoeneß als DFL-Präsident)

> »Sie sagte mir, dass ich der Vater sei. Theoretisch wäre das möglich.«
>
> *(Ottmar Hitzfeld über seine Affäre mit einem brasilianischen Model)*

»**Fast mit Uli Hoeneß** – Trapattoni und Matthäus hielten mich zurück. Das war kein Sieg der Vernunft.«

(Thomas Helmer auf die Frage, mit wem er sich schon mal geprügelt habe)

»Mir hat das Herz im Hals gelacht.«

(Uli Hoeneß zur Stimmung während des 6:1-Siegs der Bayern in der Champions League gegen Olympique Lyon)

»Die haben Leute dabei, die **mehr Haare am Rücken haben als auf dem Kopf**. Da ist natürlich mehr Erfahrung da.«

(Thomas Müller als Erklärung für das Ausscheiden in der Champions League gegen Inter Mailand)

»Robben ist halt ein bisschen empfindlich – aber er ist ein Holländer, die sind alle ein bisschen empfindlich.«

(Franz Beckenbauer)

»Der Robben fällt öfter aus als die Winter-Flüge der Lufthansa.«

(Mario Basler über Arjen Robben)

»Also bei mir geht das mit dem **linken Fuß genauer** und mit dem **rechten fester!** Auf die **Torwand schieße ich mit dem rechten.**«

(Andreas Brehme im »aktuellen sportstudio«)

»Der glatte Ungar hatte in seiner Karriere mehr Vereine als Hollywood-Wonneproppen Liz Taylor Ehemänner.«

(Max Merkel über Pál Csernai)

»Der behandelt Spieler, als wären das alles Menschen zweiter Klasse. Als Spieler muss man unheimlich auf die eigene Frau aufpassen, wenn er in der Nähe ist.«

(Max Merkel über Udo Lattek)

»Die Wahrscheinlichkeit, **nicht Meister zu werden**, ist größer als die Wahrscheinlichkeit, **dem Abstieg nicht zu entgehen.**«

(Dettmar Cramer)

»Als ich gehört habe, dass der Hans Pflügler Libero gespielt hat, war ich froh, dass ich nicht hier war. Sonst wäre Giovanni Trapattoni vielleicht noch auf die Idee gekommen, mich einzusetzen.«

(Franz Beckenbauer)

»Für mich als Leistungssportler ist Rauchen eine Frage des Stils. Ich meine, ich rauche auch nach dem Essen eine Zigarette, aber so Leute wie der Mario Basler, die rauchen ja schon eine ganze Schachtel vor dem Essen.«

(Lothar Matthäus)

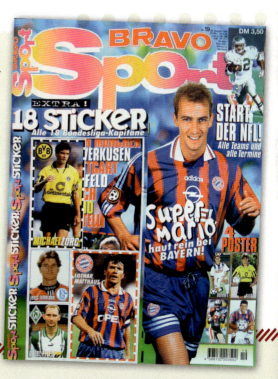

Starschnitt
Franz Beckenbauer

»Eine **Schweinshaxe um 23 Uhr** vor einem wichtigen Spiel war früher nahezu das Normalste der Welt.«
(Über veränderte Ernährungsmethoden im Profifußball)

»Es muss nur genug regnen, dann kann man Wasserball spielen.«
(Zur Nutzung des Olympiastadions bei einem Auszug von Bayern München)

»Der liebe Gott freut sich über jedes Kind.«
(Auf sein uneheliches Kind angesprochen)

1970-71

»*Das ist Obergiesing gegen Untergiesing.*«
(In der Halbzeit eines Grottenkicks zwischen dem FC Bayern und Köln)

»Nicht einen Tag! Wenn es anfängt zu riechen, ist das Sache der Mutter.«
(Auf die Frage, wie lange er Mutter sein könnte)

»Ich bin Keizer, du bist Beckenbauer!«
(Klarstellung vom Holländer Piet Keizer nach einem Freundschaftsspiel von Ajax Amsterdam gegen die Bayern 1972, das Ajax 5:0 gewann)

»Bei Franz Beckenbauer sagen alle: **Du bist der Kaiser. Auf dich hören sie. Du machst nichts falsch, und wenn du was falsch machst, sagen alle, das war richtig.**«
(Reiner Calmund)

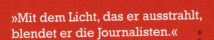

»Mit dem Licht, das er ausstrahlt, blendet er die Journalisten.«
(Gerhard Mayer-Vorfelder)

»Ich habe meinen Vater im Fernsehen weggeschaltet, weil ich ihn nicht mehr hören konnte.«
(Stefan Beckenbauer)

»Vom Franz sind schon Interviews veröffentlicht worden, wenn er Selbstgespräche führte.«
(DFB-Pressechef Wolfgang Niersbach)

»Von Beckenbauer habe ich sehr viel gelernt. **Vor allem, dass es eigentlich egal ist, was ich gestern gesagt habe.**«
(Klaus Augenthaler)

»**Wenn er sagt, wir spielen künftig mit viereckigen Bällen, dann wird mit viereckigen Bällen gespielt.**«
(Rudi Assauer)

»**Josef, Champions-League-Sieger,** ich habe einen Wunsch. Ich möchte, dass du mal ein wenig lockerer wirst. Denn irgendwann kommt der Sensenmann. Du kommst in den Himmel, ich komme in die Hölle. Davor müssen wir noch mal richtig die Sau rauslassen!« *(Hermann Gerland)*

....

»**Der Cramer,** wenn er so dasteht, den halten S' doch nie für einen Fußballtrainer. Er ist ein Klassekerl, aber er sieht aus wie ein Hochschullehrer, ein Kernphysiker oder ein U-Boot-Kapitän. Der hatte einen Weltklassevortrag vom Fachlichen her, aber wenn ich ihn seh', hab' ich ein Armutsgefühl. **Acht Pfund Papier braucht der für seine Taktik,** und die Klosterschwestern beten für ihn. Zu mir ist noch nie ein Pastor gekommen und sagte: ›**Herr Merkel, wir beten für ihren Erfolg.**‹«

(Max Merkel)

Der FC Bayern München spielt in Köln und die Zuschauer rufen:

»Breitner in den Kölner Zoo, Paule in die Muppet-Show.«

Karl-Heinz Rummenigge und Paul Breitner 1981 auf einer Vespa

Starschnitt
Thomas Müller

»Langsam habe ich das Gefühl, dass ich mit meinem linken Fuß mehr anfangen kann, als nur Bier zu holen.«

»Hm. Tja, was bin ich? Raumdeuter? Ja, ich bin ein Raumdeuter.«

»Den Antrag habe ich letztes Jahr an Weihnachten gemacht. Aber auf die **Knie musste ich nicht. Auf die Knie geht man nur beim Torjubel**.«
(Zur bevorstehenden Hochzeit mit Freundin Lisa)

»Das Mikrofon verbiegt sich auch schon, weil ich so stinke.«

»In Spanien kann man zwar hervorragend essen, aber meine Leibspeise bleibt weiterhin ein Schweinebraten aus Bayern.«
(Bei Facebook zu den Spekulationen über einen möglichen Abgang zum FC Barcelona)

Karl-Heinz Rummenigge bekommt den »Bronzenen Schuh«, doch statt seiner reist Uli Hoeneß nach Paris. Anschließend wird der Manager gefragt: »Wenn Rummenigge gewonnen hätte, wäre er dann persönlich zur Verleihung gekommen?« Antwort Hoeneß: »Die Frage enthält zwei Konjunktive. Solche Fragen kann der Verein in seiner momentanen Situation nicht beantworten.«

»Ein ordentlicher Spieler.
Nur an der Schnelligkeit mangelt es noch.«

(Bastian Schweinsteiger ironisch über seinen Teamkollegen Arjen Robben)

»Es gibt keinen Artikel im Grundgesetz, dass wir verpflichtet sind, jedes Jahr Deutscher Meister zu werden.«

(Oliver Kahn)

»**Wie lange Lothar Matthäus mit seinen jetzt 38 Jahren noch spielt**, ist für uns alle eine bewegende Frage. Wenn ich ihn und seine Fitness so sehe, würde ich sagen – warum nicht noch **mit 60**, wenn er das mit **seinem Job als Bundeskanzler** vereinbaren kann?«

(Mehmet Scholl)

»**Ey, Mädels,** unser Schwarzer hat den **Längsten!**«

(Lothar Matthäus zur Basketballnationalmannschaft der Damen, gemeint war der Kolumbianer Adolfo Valencia)

»Dazu kann ich nur sagen: **Manche Gerüchte entwickeln sich langsam zu Gerüchen.**«

(Karl-Heinz Rummenigge in der Transferphase)

»Ich habe ein sehr ehrliches Buch geschrieben, **aber nehmen Sie bitte nicht alles so wörtlich.**«

(Franz Beckenbauer)

»Der Herr, der neben mir sitzt, hat gesagt: ›**Das war kein Elfmeter.**‹ Und wenn er das sagt, dann stimmt das. **Denn dieser Herr hat immer recht.**«

(Olaf Thon über seinen Sitzplatznachbarn Beckenbauer)

»Na ja, ich bin in einer Richard-Wagner-Klinik geboren.«

(Franz Beckenbauer auf die Frage, wie es dazu kam, dass er in den 1970er Jahren eine Schallplatte aufgenommen hat)

Starschnitt
Andreas Brehme

»Haste Scheiße am Fuß, haste Scheiße am Fuß!«

»Uns steht ein hartes Programm ins Gesicht.«

»Zum Glück ist die Mannschaft **nach dem Spiel besser ins Spiel gekommen**.«

»Ich habe gesehen, dass die **Mannschaft 90 Minuten auf dem Platz war**.«

SPORTLER TRAGEN
Saint John
ANZÜGE · SAKKOS · HOSEN

»Beckenbauer hat mir beigebracht: **Fehler darf man nie zugeben.**«
(Andreas Brehme)

»Spiel Halma, spiel Schach, spiel alles – aber nicht Fußball.«
(Franz Beckenbauer)

»Andreas Brehme hätte mit einem Bein besser gespielt als einige meiner Spieler heute mit zweien.«
(Friedel Rausch)

»Andreas Brehme, der lange Jahre seiner Karriere als Filigrantechniker so viel galt wie Rambo Stallone als Charakterschauspieler.«
(»Hörzu«)

Andreas Brehme und Ehefrau Pilar im Juli 1987

Starschnitt
Bastian Schweinsteiger

»Jeder Spieler hat bei uns ein **Handtuch** in der Kabine. Nur komischerweise war **bei mir nie eines da.** Ich dachte immer, wo ist nur mein Handtuch? **Dann sehe ich neben mir den Oli, wie er sich seine Haare schön macht, wie er seine Handschuhe poliert und alles Mögliche – mit zwei Handtüchern!«**

(Bastian Schweinsteiger)

»Ich habe ihn das erste Mal im November 2002 kennengelernt. Da saß ich neben ihm. Und das erste Mal, dass er mit mir gesprochen hat – das war dann so 2005.«

(Bastian Schweinsteiger über Oli Kahn)

»Shanghai hat 22 Mio. Einwohner, so viele gibt es ja in Europa fast nicht.«

(Bastian Schweinsteiger)

»Wenn ich an die Säbener Straße komme, fühle ich mich wie zu Hause. Ich kenne die Angestellten von A bis Z und weiß, wo die Toiletten sind.« *(Bastian Schweinsteiger)*

»Ich hab zum Spaß gesagt: **Ich hab kurz vor meinem Elfmeter meine Eier vergessen oder verloren, aber sie dann rechtzeitig wiedergefunden. Im Elfmeterschießen gehört Glück dazu, meistens haben es wir Deutsche.«**
(Bastian Schweinsteiger)

»Wenn man eine neue Freundin hat, klappt auch nicht immer gleich alles perfekt.«
(Bastian Schweinsteiger zur Eingewöhnungszeit zwischen der Mannschaft und Trainer Louis van Gaal)

»Der Linienrichter hat mit der Fahne gewedelt, als wenn er einen Stromschlag gekriegt hätte.«
(Bastian Schweinsteiger)

»Es ist ein Sehnenabriss am Schambeinknochen. **Hört sich lustig an – ist aber trotzdem beim Fußball passiert.«**

(Thomas Strunz)

»Ich habe viel mit Mario Basler gemeinsam. **Wir sind beide Fußballer, wir trinken beide gerne mal einen, ich allerdings erst nach der Arbeit.«**

(Felix Magath)

»Wir fahren hier mit dem **VW-Käfer Baujahr '70 gegen einen Formel-1-Wagen**, und da fragt ihr, warum wir nicht vor dem Vettel ins Ziel kommen.«

(Der Mainzer Trainer Thomas Tuchel nach einer 1:4-Niederlage in München)

»Ein Junge, der so heißt wie eine Whiskey-Marke. Swines Tiger.«

(Pelé)

»Die Momente, in denen es sich wirklich lohnt, Fußball-Profi zu sein, sind, wenn man **Oli Kahn beim Einseifen zusieht.«**

(Mehmet Scholl)

»**Fragt der eine Spanner den anderen: Du, was machen wir heute Nachmittag? Antwortet der andere: Schau'n mer mal.**« Ich muss Ihnen sicher nicht weiter erläutern, dass das mein Lieblingswitz ist.«

(Franz Beckenbauer)

Sommer 1974: Sepp Maier, Ehefrau Agnes und Tochter Alexandra genießen während des Urlaubs die Abkühlung am Swimmingpool.

Ben Redelings ...

... ist Deutschlands erfolgreichster Fußball-Komiker, außerdem ist er **Bestsellerautor,** Filmemacher und »der ungekrönte Meister im Aufspüren kurioser Fußballgeschichten« (»Deutsche Akademie für Fußballkultur«). Regelmäßig schreibt er für »Spiegel Online« sowie für die Magazine »11FREUNDE« und »Reviersport«. Nach Meinung der »Jungen Welt« tut er dies sogar »um Längen besser als Nick Hornby«.
1975 in Bochum geboren, wollte er eigentlich Lehrer werden. Nach dem ersten Staatsexamen siegte jedoch die Liebe zum runden Leder. Seine Fußballabende SCUDETTO sind **deutschlandweit** bekannt, regelmäßig ausverkauft und genießen mittlerweile Kultstatus.

Ben Redelings hat in den letzten Jahren zahlreiche Bücher im Verlag Die Werkstatt veröffentlicht, sein Buch »Fußball ist nicht das Wichtigste im Leben – es ist das Einzige« war der erfolgreichste Fußballroman 2008 und wurde für das »Fußballbuch des Jahres« nominiert. »50 Jahre Bundesliga. Das Jubiläumsalbum« schaffte es mehrmals auf **Platz 1 der Sport-Bestsellerliste**.

**Termine und Blog:
www.scudetto.de**

»In 365 Kurzkapiteln bietet Redelings besten Lesestoff für alle Fans. Langeweile kommt nicht auf, denn jeder Tag hat ein anderes Thema. Ben Redelings Sammlung voller Absurditäten, Rätselhaftem und Stauneswertem aus der Welt des Fußballs ist wirklich gelungen und in diesem Umfang wohl einmalig. Eine Sitzung ohne das Buch ist jedenfalls schwer vorstellbar, hat man sich einmal daran gewöhnt.«
(»DerWesten«)

»Das gut verdauliche Buch zum Örtchen geschrieben.«
(»11 Freunde«)

»Diese ›Halbzeitpause‹ verspricht ein ganzes Jahr Lesevergnügen.«
(»BILD«)

ISBN 978-3-89533-745-1, € 9,95

www.werkstatt-verlag.de

Bundesliga-Alben von Ben Redelings

Je 160 Seiten, Paperback 9,99 €

www.werkstatt-verlag.de

Weitere Bücher zum FC Bayern

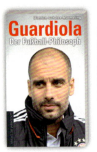

Dietrich Schulze-Marmeling
**Guardiola
Der Fußball-Philosoph**
256 Seiten, Paperback, mit Farbfotoseiten
978-3-7307-0042-6
€ 14,90

2. aktualisierte Auflage 2014
Auch als E-Book erhältlich

»Als Kenner des deutschen wie auch des spanischen Fußballs gelingt Schulze-Marmeling weit mehr als bloß eine Mischung aus Rückblick und Momentaufnahme. … Immer wieder schaut er über den Tellerrand, um Guardiolas Schaffen einzuordnen.« *(Südkurier)*

Christoph Bausenwein
Das große Bayern-Buch
110 Seiten, A4, Hardcover
durchgehend farbig, viele Fotos
978-3-89533-717-8
€ 16,90

5. aktualisierte Auflage 2014

Hier erfahren junge Bayern-Fans alles über ihren Lieblingsverein: Von der Vereinsgründung 1900 bis zum grandiosen Double-Erfolg 2014 mit Pep Guardiola führt sie der Autor durch die Geschichte der Bayern. Er berichtet von Pokalen und Meisterschaften, aber auch vom Münchner Derby, den Stadien der Bayern und den unzähligen Rekorden. Von Gerd Müller über Oliver Kahn bis Franck Ribéry werden natürlich auch die besten Bayern-Spieler aller Zeiten vorgestellt. Tolle Fotos, kleine Anekdoten und witzige Sprüche runden dieses große Bayern-Buch ab.

Christoph Bausenwein, Dietrich Schulze-Marmeling
**FC Bayern München
Unser Verein, unsere Geschichte**
272 Seiten, Hardcover
durchgehend farbig, über 500 Fotos,
ISBN: 978-3-7307-0062-4
€ 29,90

2. aktualisierte und erweiterte Auflage 2013

»Die Beschreibung der großen Momente der Vereinsgeschichte werden von eindrucksvollen, großformatigen Fotos, Stimmen der Beteiligten und übersichtlichen Statistiken umrahmt. … Eine schöne und umfassende Vereinschronik.« *(Ballesterer)*

Auch als Premiumausgabe erhältlich:
ISBN: 978-3-7307-0075-4
€ 49,90

 www.werkstatt-verlag.de